QUEM SOU EU PARA JULGAR?

PAPA FRANCISCO

QUEM SOU EU PARA JULGAR?

O perdão e a tolerância como caminhos para a paz e a harmonia de cada um de nós e de todo o mundo

Reunido e editado por
ANNA MARIA FOLI

Traduzido por
CLARA A. COLOTTO

LeYa

Título original: *Chi sono io per giudicare?*

Revisão de tradução
Daniela Versiani

Revisão
Maria Clara Antonio Jeronimo

Capa e projeto gráfico
Leandro Dittz

Diagramação
Leandro Collares | Selênia Serviços

Foto de capa
Vatican Pool / Getty Images

Dados Internacionais de Catalogação na Publicação (CIP)
Angélica Ilacqua CRB-8/7057

Francisco, Papa, 1936-
Quem sou eu para julgar? / Papa Francisco ; reunido e editado por Anna Maria Foli ; tradução de Clara A. Colotto. — Rio de Janeiro : LeYa, 2017.
224 p.

ISBN 978-85-441-0508-5
Título original: Chi sono io per giudicare?

1. Igreja católica 2. Francisco, Papa, 1936- 3. Religião 4. Religião e sociologia I. Título II. Foli, Anna Maria III. Colotto, Clara A.

17-0431 CDD 248.482

Índices para catálogo sistemático:
1. Igreja católica : Questões sociais

Avenida Calógeras, 6 | sala 701
20030-070 — Rio de Janeiro — RJ
www.leya.com.br

SUMÁRIO

PARTE I
NÃO JULGUEM PARA NÃO SEREM JULGADOS

PARTE II
TODOS SOMOS FRÁGEIS

PARTE III

JULGAR O PECADO, E NÃO O PECADOR

PARTE IV

O JUÍZO DA HISTÓRIA SOBRE A HISTÓRIA

PARTE I

NÃO JULGUEM PARA NÃO SEREM JULGADOS

A humildade evangélica consiste em não apontar o dedo contra os outros para julgá-los, mas em estender-lhes a mão para levantá-los, sem jamais sentir-se superior.

Introdução ao Sínodo para a família,
5 de outubro de 2015.

O perigo de julgar

Qual é o perigo? É presumirmos que somos justos e julgarmos os outros. Julgamos até Deus, porque pensamos que Ele deveria castigar os pecadores, condená-los à morte, em vez de perdoar. Nesse caso, sim, arriscamos permanecer fora da casa do Pai! Como aquele irmão mais velho da parábola que, em vez de ficar feliz porque seu irmão voltou, irrita-se com o pai que o acolheu e celebra.

Se, em nosso coração, não há misericórdia, a alegria do perdão, não estamos em comunhão com Deus, ainda que observemos todos os preceitos, porque é o amor que salva, não apenas a prática dos preceitos. É o amor a Deus e ao próximo que dá cumprimento a todos os Mandamentos. E esse é o amor de Deus, a sua alegria: perdoar. Ele nos espera sempre! Talvez alguém, em seu coração, sinta um peso: "Mas, fiz isso, fiz aquilo...". Ele o espera! Ele é Pai: espera-nos sempre!

Se vivermos segundo a lei do "olho por olho, dente por dente", jamais sairemos da espiral do mal. O Maligno é astuto e ilude-nos, fazendo-nos acreditar que, por meio da nossa justiça humana, podemos salvar-nos e salvar o mundo. Na realidade, somente a justiça de Deus nos pode salvar! E a justiça de Deus revelou-se na Cruz: a Cruz é o juízo de Deus sobre todos nós e sobre este mundo.

Mas como nos julga Deus? Dando a vida por nós! Eis o gesto supremo de justiça que derrotou, de uma vez por todas, o Príncipe deste mundo; e esse gesto supremo de justiça é também precisamente o gesto supremo de misericórdia. Jesus nos chama a todos a seguir este caminho: "Sede misericordiosos, como vosso Pai é misericordioso" (*Lc* 6, 36).

Agora, peço-vos algo. Em silêncio, todos, pensemos... Cada um de nós pense numa pessoa com a qual não nos damos bem, com a qual estamos irritados, de quem não gostamos. Pensemos naquela pessoa e, em silêncio, neste momento, oremos por essa pessoa e sintamos misericórdia por essa pessoa.

Angelus, 15 de setembro de 2013.

Olhar além

A pecadora do Evangelho (cf. *Lc* 7, 36-50), que ungiu os pés de Jesus com perfume, abre para nós um caminho de esperança e conforto. É o amor da pecadora que se humilha diante do Senhor; mas, antes de tudo, é o amor misericordioso de Jesus por ela, o amor que a incentiva a aproximar-se.

Essa mulher encontrou verdadeiramente o Senhor. No silêncio, abriu-Lhe seu coração; na dor, mostrou-Lhe arrependimento por seus pecados; com seu pranto, apelou à bondade divina para receber o perdão. Para ela não haverá nenhum julgamento a não ser aquele que vem de Deus, e esse é o julgamento da misericórdia. O protagonista desse encontro é, certamente, o amor, a misericórdia que vai além da justiça.

Simão, o dono da casa, o fariseu, ao contrário, não consegue encontrar o caminho do amor. Tudo é calculado, tudo é pensado... Ele se mantém imóvel no limiar da formalidade.

Seu juízo sobre a mulher o afasta da verdade e não lhe permite sequer compreender quem é seu hóspede. Deteve-se na superfície, na formalidade, e não foi capaz de enxergar o coração. Diante da parábola de Jesus e da pergunta sobre qual servo amou mais, o fariseu responde corretamente: "Aquele ao qual perdoou mais". "Jesus lhe disse: 'Julgaste corretamente'" (*Lc* 7, 43). Ele só acerta quando o juízo de Simão se refere ao amor.

O chamado de Jesus leva cada um de nós a jamais nos deter na superfície das coisas, sobretudo quando estamos diante de uma pessoa. Somos chamados a olhar além, a nos concentrar no coração para ver de quanta generosidade cada um é capaz.

Ninguém pode ser excluído da Misericórdia de Deus. Todos conhecem o caminho para aceder a ela, e a Igreja é a casa que acolhe todos e não rejeita ninguém. Suas portas permanecem abertas para que todos os que forem tocados pela Graça possam encontrar a certeza do perdão.

Homilia, 13 de março de 2015.

A misericórdia antes do juízo

Este Ano Extraordinário é uma dádiva de Graça. Entrar por aquela Porta significa descobrir a profundidade da Misericórdia do Pai que a todos acolhe e vai pessoalmente ao encontro de cada um. É Ele que nos procura! É Ele que vem ao nosso encontro!

Este ano trará a oportunidade de crescer na convicção da misericórdia. Que grande injustiça fazemos a Deus e à Sua Graça quando se afirma, em primeiro lugar, que os pecados são punidos pelo seu julgamento sem, em vez disso, explicitar que são perdoados pela sua misericórdia. Sim, isso é verdade.

Devemos antepor a misericórdia ao julgamento e, em toda e qualquer situação, o julgamento de Deus sempre se realizará à luz de Sua misericórdia.

Que atravessar a Porta Santa nos faça, pois, sentir participantes desse mistério de amor, de ternura. Abandonemos toda forma de medo e temor, porque não condiz com quem é amado; vivamos, antes, a alegria do encontro com a Graça que tudo transforma.

Homilia por ocasião da abertura da Porta Santa, 8 de dezembro de 2015.

Abandonemos toda forma de medo e temor, porque não condiz com quem é amado; vivamos, antes, a alegria do encontro com a Graça que tudo transforma.

O julgamento dos pequeninos

Rezemos intensamente ao Senhor, para que nos desperte, para que faça das nossas famílias cristãs protagonistas dessa revolução da proximidade familiar que agora nos é tão necessária! Dela, dessa proximidade familiar, desde o início, é feita a Igreja.

E não esqueçamos que o julgamento dos necessitados, dos pequeninos e dos pobres antecipa o julgamento de Deus (*Mt* 25, 31-46). Não esqueçamos isso e façamos tudo o que pudermos para ajudar as famílias a seguir em frente na prova da pobreza e da miséria, que atingem os afetos, os vínculos familiares.

Gostaria de ler, outra vez, o texto da Bíblia, e também proponho que cada um de nós pense nas famílias que sofrem a provação da miséria e da pobreza. A Sagrada Escritura diz: "Filho, não prives de esmola o pobre, não desvies do pobre os teus olhos. Não entristeças quem tem fome e não exasperes o pobre em sua indigência. Não aflijas o coração do indigente, não adies a ajuda ao angustiado. Não rejeites a súplica do aflito e não desvies do indigente o teu rosto. Do necessitado não desvies com dureza os olhos e não lhes darás ocasião de amaldiçoar-te por detrás" (*Eclo* 4, 1-5). Porque será isso que o Senhor fará — diz Ele no Evangelho — se não fizermos essas coisas.

Audiência geral, 3 de junho de 2015.

Juízo e condenação

Julgar os outros nos leva à hipocrisia. E Jesus define exatamente como "hipócritas" aqueles que se dedicam a julgar. Porque a pessoa que julga erra, confunde-se e torna-se derrotada.

Quem julga erra sempre. E erra porque toma o lugar de Deus, que é o único juiz. Na prática, acredita ter o poder de julgar tudo: as pessoas, a vida, tudo. E com a capacidade de julgar considera ter também a capacidade de condenar.

O Evangelho refere que julgar os outros era uma das atitudes daqueles doutores da lei aos quais Jesus chamava de "hipócritas". Tratava-se de pessoas que julgavam tudo. Porém, o mais grave é que, assim fazendo, ocupam o lugar de Deus, que é o único juiz. E Deus, para julgar, leva tempo, espera. Em vez disso, esses homens o fazem depressa: por isso quem julga erra, simplesmente porque assume um lugar que não é seu.

E não apenas erra, mas se confunde, e está tão obcecado pelo que quer julgar, por aquela pessoa, que aquele cisco no olho do outro não o deixa dormir. E repete "Mas quero tirar esse cisco de seu olho!" sem, entretanto, perceber a trave que tem no próprio olho. Nesse sentido, se confunde e crê que a trave seja aquele cisco. Por isso quem julga é um homem que confunde a realidade, é um iludido.

Não somente isso: aquele que julga se torna um derrotado e só pode terminar mal, porque a mesma medida será usada para julgá-lo, como diz Jesus no Evangelho de Mateus. E qual é a derrota? É aquela de ser julgado com a mesma medida com a qual ele julga, porque o único que julga é Deus e aqueles aos quais Deus dá o poder de fazê-lo. Os outros não têm o direito de julgar.

Além do mais, quem julga sempre acusa. No julgamento contra os outros há sempre uma acusação. Exatamente o oposto daquilo que Jesus faz diante do Pai. De fato, Jesus nunca acusa, mas, ao contrário, defende.

Assim, se queremos trilhar o caminho de Jesus, mais do que acusadores devemos ser defensores dos outros diante do Pai.

Mas, sobretudo, não julgue, porque se o fizer, quando você fizer algo ruim, será julgado! É uma verdade boa de se recordar na vida de todos os dias, quando nos vem a vontade de julgar os outros, de falar mal dos outros, que é uma forma de julgar.

Meditação matutina na capela da Domus Sanctae Marthae,
23 de junho de 2014.

Calar

O nosso juiz é o Senhor e, se vier à sua boca uma palavra de julgamento sobre alguém, feche a boca. O Senhor nos deu o conselho: "Não julgueis e não sereis julgados". Convivam com as pessoas com simplicidade, acolham todos.

Por que acolher todos? Para oferecer a experiência da presença de Deus e do amor dos irmãos. A evangelização sente, com força, a exigência do acolhimento, da proximidade, porque é um dos primeiros sinais da comunhão que somos chamados a testemunhar por termos encontrado Cristo na nossa vida.

Discurso, 5 de setembro de 2015.

Não ao falatório

A afabilidade na comunidade é uma virtude um pouco esquecida. Ser gentil, dar lugar ao outro. Há tantos inimigos da delicadeza, a começar pelos falatórios, não é? Prefere-se tagarelar, fazer mexericos sobre o outro, fustigar um pouco o outro. São coisas quotidianas que acontecem a todos, também a mim.

São tentações do Maligno que não quer que o Espírito venha a nós e promova a paz, a afabilidade na comunidade cristã. Vamos à paróquia e as senhoras da catequese brigam com as da Cáritas. E essas brigas acontecem sempre. Também em família ou no bairro. E também entre amigos. E essa não é a vida nova.

Quando o Espírito vem e faz-nos nascer numa nova vida, faz-nos gentis, caridosos. Não julguem ninguém: o único juiz é o Senhor. A sugestão é: fiquemos calados. E se devo dizer algo, digo-o a ele, a ela, mas não ao bairro inteiro; somente a quem pode remediar a situação.

Esse é somente um passo na vida nova, mas é um passo cotidiano. Se, com a Graça do Espírito, conseguirmos abandonar os falatórios para sempre, será um grande avanço. E fará bem a todos. Peçamos ao Senhor que manifeste a nós e ao mundo a beleza e a plenitude dessa vida nova, desse nascer do Espírito que vem à comunidade dos fiéis e nos leva a ser gentis, a ser caridosos uns com os outros. Respeitosos. Peçamos essa Graça para todos nós.

Meditação matutina na capela da Domus Sanctae Marthae,
9 de abril de 2013.

Se uma pessoa é gay...

Escreve-se tanto sobre o *lobby* gay. Ainda não encontrei ninguém, no Vaticano, que me tenha dado um documento de identidade em que esteja escrito "gay". Penso que, quando alguém se encontra com uma pessoa assim, deve distinguir entre o fato de se tratar de uma pessoa gay e o fato de ela fazer *lobby*, porque nenhum *lobby* é bom. Isso é uma coisa ruim.

Se uma pessoa é gay e procura o Senhor e tem boa vontade, quem sou eu para julgá-la? O Catecismo da Igreja Católica explica isso muito bem, mas diz: "Não se deve marginalizar essas pessoas por isso, elas devem ser integradas à sociedade".

O problema não é ter essa orientação, não; devemos ser irmãos. O problema é fazer *lobby* dessa orientação: *lobby* de gananciosos, *lobby* de políticos, *lobby* dos maçons, tantas variedades de *lobby*. Para mim esse é o problema mais grave.

Encontro com os jornalistas durante o voo de regresso do Rio de Janeiro,
28 de julho de 2013.

Se uma pessoa é gay
e procura o Senhor e
tem boa vontade, quem
sou eu para julgá-la?
O Catecismo da Igreja
Católica explica isso
muito bem, mas diz:
"Não se deve marginalizar
essas pessoas por isso, elas
devem ser integradas
à sociedade".

A Graça de alargar o coração

O que significa alargar o coração? Antes de mais nada, no reconhecer-se pecador, não se deve olhar para o que os outros fizeram. A pergunta principal é a seguinte: "Quem sou eu para julgar isso? Quem sou eu para tagarelar sobre isso? Quem sou eu, que fiz as mesmas coisas, ou até pior?".

De resto, o Senhor o diz no Evangelho: "Não julgueis e não sereis julgados; não condeneis e não sereis condenados; perdoai e sereis perdoados. Dai e vos será dado: uma medida boa, socada, sacudida e transbordante será colocada na dobra da vossa veste" (*Lc* 6, 37).

Essa é a generosidade do coração que o Senhor apresenta por meio da imagem das pessoas que iam colher o grão e alargavam o avental para dele receber mais. De fato, se você tem o coração alargado, grande, você pode receber mais! E um grande coração não se imiscui na vida dos outros, não condena, mas perdoa e esquece, exatamente como Deus esqueceu e perdoou os meus pecados.

E esse é o caminho da misericórdia que devemos pedir. Se todos nós, os povos, as pessoas, as famílias, os bairros, tivéssemos essa atitude, quanta paz haveria no mundo, quanta paz nos nossos corações, porque a misericórdia nos traz a paz!

Recordem sempre: quem sou eu para julgar? Envergonhem-se e alarguem o coração, que o Senhor nos dê essa Graça!

Meditação matutina na capela da Domus Sanctae Marthae,
17 de março de 2014.

Compreensão e perdão

Compreendo as vítimas de abusos e as famílias que não conseguiram perdoar ou que não queiram perdoar... Compreendo-as, rezo por elas e não as julgo. Não as julgo, rezo por elas. Certa vez, numa reunião, encontrei diversas pessoas, e uma mulher me disse: "Quando minha mãe ficou sabendo que haviam me violentado, blasfemou contra Deus, perdeu a fé e morreu ateia".

Compreendo aquela mulher. Compreendo-a. E Deus, que é melhor do que eu, compreende-a. Tenho certeza de que Deus acolheu aquela mulher. Porque aquilo que fora tocado, aquilo que foi destruído era sua própria carne, a carne de sua filha. Eu a compreendo.

Não julgo uma pessoa que não pode perdoar. Rezo e peço a Deus — porque Deus é um campeão na busca de uma via para a solução —, peço-Lhe que resolva tudo.

Conferência de imprensa no voo de regresso dos Estados Unidos, 27 de setembro de 2015.

Os sacerdotes da atualidade

Nós, que frequentemente deploramos nosso tempo em tom amargo e acusador, devemos inclusive advertir sobre suas dificuldades: no nosso ministério, quantas pessoas encontramos aflitas pela falta de referências para as quais olhar! Quantas relações feridas! Num mundo no qual cada um pensa ser a medida de tudo, não há lugar para o irmão.

Nesse contexto, a vida do nosso presbítero se torna eloquente, porque é diferente, alternativa.

Nosso sacerdote está descalço em relação a uma Terra que se esforça em acreditar e a considerar santa. Não se escandaliza com as fragilidades que abalam o ânimo humano: consciente de ser ele próprio um paralítico curado, fica distante da frieza do rigorista, assim como da superficialidade de quem quer mostrar-se facilmente condescendente. Ao contrário, aceita tomar as rédeas de seu destino, sentindo-se participante e responsável por ele.

Faz-se próximo de todos, atento a com eles compartilhar o abandono e o sofrimento. Tendo aceitado não dispor de si, não possui uma agenda a defender, mas todas as manhãs confia ao Senhor o seu tempo para se deixar encontrar pelas pessoas e ir ao encontro delas. Assim, nosso sacerdote não é um burocrata ou um funcionário anônimo da instituição; não está consagrado a um papel empregatício nem é estimulado por critérios de eficiência.

Sabe que o amor é tudo. Não procura garantias terrenas nem títulos honoríficos que levam a confiar no homem; no ministério, para si nada pede que vá além da necessidade real, nem está preocupado em vincular a si as pessoas que lhe são confiadas. Seu estilo de vida simples e essencial, sempre disponível, apresenta-o crível aos olhos das pessoas e aproxima-o dos humildes, numa caridade pastoral que os torna livres e solidários.

Servo da vida, caminha com o coração e o passo dos pobres; torna-se rico por frequentá-los. É um homem de paz e reconciliação, um sinal e um instrumento da ternura de Deus, atento a difundir o bem com a mesma paixão com a qual outros cuidam dos próprios interesses.

Discurso na Conferência Episcopal Italiana (CEI), 16 de maio de 2016.

A misericórdia do confessor

Os confessores têm diante de si as ovelhas perdidas tão amadas por Deus; se não fazemos com que elas percebam o amor e a misericórdia Dele, afastam-se e talvez não retornem mais. Por isso, abracem-nas e sejam misericordiosos, ainda que não possam absolvê-las. Deem-lhes, no entanto, uma bênção.

Tenho uma sobrinha que desposou civilmente um homem antes que ele pudesse ter conseguido o processo de anulação do casamento. Queriam casar-se, amavam-se, queriam filhos, tiveram três. O juiz civil havia atribuído a ele também a custódia dos filhos do primeiro matrimônio.

Esse homem era tão religioso que todos os domingos, indo à missa, ia ao confessionário e dizia ao sacerdote: "Sei que o senhor não pode me absolver, mas pequei nisso e naquilo, dê-me uma bênção". Esse é um homem de formação religiosa.

O nome de Deus é Misericórdia, *2016.*

Confissão e juízo

Não somos chamados a julgar, com um sentimento de superioridade, como se fôssemos imunes ao pecado; ao contrário, somos chamados a agir como Sem e Jafé, os filhos de Noé, que tomaram uma manta para proteger o próprio pai da vergonha.

Ser confessor, segundo o coração de Cristo, equivale a cobrir o pecador com a manta da misericórdia para que não mais sinta vergonha e possa recuperar a alegria de sua dignidade filial, e possa também saber onde se encontra.

Não é, pois, com a clava do juízo que conseguiremos reconduzir a ovelha perdida ao redil, mas com a santidade de vida que é princípio de renovação e reforma na Igreja. A santidade nutre-se de amor e sabe suportar o peso de quem é mais frágil. Um missionário da misericórdia carrega o pecador sobre os próprios ombros e consola-o com a força da compaixão. E o pecador que o procura, a pessoa que vai até ele, encontra um pai.

Vocês ouviram, como eu ouvi, tantas pessoas que dizem: "Não, nunca mais me confessei, porque uma vez o sacerdote me maltratou, repreendeu-me muito", ou "O sacerdote fez-me perguntas um pouco ambíguas, por curiosidade".

Por favor, esse não é o Bom Pastor, esse é o juiz que talvez acredite não ter pecado, ou é o pobre homem doente que, com as perguntas, mostra-se curioso. Gosto de dizer aos confessores: se você não se sente capaz de agir como um pai, não vá ao confessionário, vá fazer outra coisa. Porque pode-se fazer muito mal a uma alma se ela não for acolhida com coração de pai, com o coração da Mãe Igreja.

O que significa alargar o coração? Antes de mais nada, no reconhecer-se pecador, não se deve olhar para o que os outros fizeram. A pergunta principal é a seguinte: "Quem sou eu para julgar isso? Quem sou eu para tagarelar sobre isso? Quem sou eu, que fiz as mesmas coisas, ou até pior?".

Há alguns meses eu falava com um sábio cardeal da Cúria Romana sobre as perguntas que certos sacerdotes fazem na confissão e ele me disse: "Quando uma pessoa começa a confissão e vejo que quer desabafar alguma coisa, e percebo e entendo, eu lhe digo: 'Já entendi! Fique tranquilo!'".

Esse é um pai.

Discurso, 9 de fevereiro de 2016.

O drama do aborto

Um dos graves problemas do nosso tempo é certamente a alterada relação com a vida. Uma mentalidade muito difundida, hoje em dia, fez perder a necessária sensibilidade pessoal e social pelo acolhimento de uma nova vida.

O drama do aborto é vivido por alguns com uma consciência superficial, quase sem se dar conta do mal gravíssimo que um ato como esse comporta. Muitos outros, ao contrário, mesmo vivendo esse momento como uma derrota, julgam não ter outro caminho a percorrer. Penso, de modo especial, em todas as mulheres que recorreram ao aborto. Conheço bem os condicionamentos que as levaram a tomar essa decisão. Sei que é um drama existencial e moral. Encontrei muitas mulheres que traziam no seu coração a cicatriz causada por essa escolha sofrida e dolorosa.

O que aconteceu é profundamente injusto; contudo, só a sua verdadeira compreensão pode impedir que se perca a esperança. O perdão de Deus não pode ser negado a quem quer que esteja arrependido, sobretudo quando, com coração sincero, alguém se aproxima do Sacramento da Confissão para obter a reconciliação com o Pai.

Também por esse motivo decidi, não obstante qualquer disposição em contrário, conceder a todos os sacerdotes, para o Ano Jubilar, a faculdade de absolver do pecado do aborto quantos o cometeram e que, arrependidos de coração, pedirem que lhes seja perdoado.

Os sacerdotes devem se preparar para essa grande tarefa sabendo conciliar palavras de acolhimento genuíno com uma reflexão que ajude a compreender o pecado cometido e a indicar um percurso de conversão autêntica para chegar a colher o verdadeiro e generoso perdão do Pai, que tudo renova com a sua presença.

Carta, 1º de setembro de 2015.

PARTE II

TODOS SOMOS FRÁGEIS

Toda vez que julgamos os nossos irmãos em nosso coração, ou pior, quando falamos deles com os outros, somos cristãos homicidas.

MEDITAÇÃO MATUTINA NA CAPELA DA DOMUS SANCTAE MARTHAE, 13 DE SETEMBRO DE 2013.

1

DIVORCIADOS, SEPARADOS, CASADOS DE NOVO

Os divorciados que vivem numa nova união
fazem parte da Igreja, não são excomungados.
Twitter, 11 de abril de 2016.

PRÓXIMOS A QUEM ESTÁ EM CRISE

A separação deve ser considerada um remédio extremo, após todas as outras tentativas razoáveis terem se mostrado vãs.

Os Padres indicaram que um discernimento particular é indispensável para acompanhar pastoralmente os separados, os divorciados, os abandonados. Deve ser acolhida e valorizada, sobretudo, a dor daqueles que sofreram injustamente a separação, o divórcio ou o abandono, ou que tenham sido obrigados, pelos maus-tratos do cônjuge, a romper a convivência.

O perdão pela injustiça sofrida não é fácil, mas é um caminho que a Graça torna possível. Daí a necessidade de uma pastoral da reconciliação e da mediação também por meio de centros de acompanhamento especializados estabelecidos nas dioceses.

Ao mesmo tempo, as pessoas divorciadas, mas que não voltaram a casar, que frequentemente são testemunhas da fidelidade matrimonial, devem ser encorajadas a encontrar na Eucaristia o alimento que as sustente em seu estado. A comunidade local e os Pastores devem acompanhar essas pessoas com solicitude, sobretudo quando haja filhos ou sua situação de pobreza seja grave.

Um fracasso matrimonial se torna muito mais traumático e doloroso quando há pobreza, porque há muito menos recursos para reorientar a existência. Uma pessoa pobre, que perde o ambiente protetor da família, fica duplamente exposta ao abandono e a todo tipo de riscos para a sua integridade.

Amoris laetitia, n. 241-242.

Não à discriminação

Aos divorciados que vivem numa nova união é importante fazê-los sentir que fazem parte da Igreja, que "não são excomungados" e não são tratados como tal, pois integram a comunhão eclesiástica.

Essas situações exigem cuidadoso discernimento e um acompanhamento de grande respeito, evitando qualquer linguagem e atitude que os faça sentir discriminados e promovendo sua participação na vida da comunidade.

Cuidar deles não significa, para a comunidade cristã, um enfraquecimento de sua fé e de seu testemunho a respeito da indissolubilidade matrimonial, pelo contrário, exprime, precisamente por meio desse cuidado, a sua caridade.

Amoris laetitia, n. 243.

Integração, não excomunhão

O que fazer com os divorciados que voltaram a se casar, qual porta lhes pode ser aberta? Há uma preocupação pastoral, nesse caso: vamos dar-lhes a comunhão? Dar a comunhão não é uma solução. A solução é a integração.

Não estão excomungados, mas não podem ser padrinhos de batismo, não podem proceder à leitura na missa, não podem distribuir a comunhão, não podem ensinar o catecismo, não podem fazer sete coisas, tenho aqui a lista. Se digo isso, pareceriam excomungados de fato!

Então, vamos abrir um pouco mais as portas. Por que não podem ser padrinhos?

Vão nos responder com outra pergunta: "Que testemunho vão dar ao afilhado?".

Eles vão dar o testemunho de um homem e uma mulher que dirão: "Escute, querido, eu errei, eu escorreguei neste ponto, mas acredito que o Senhor me ame, quero seguir a Deus, o pecado não me venceu, eu sigo adiante".

Mas que tipo de testemunho cristão é esse? E se aparecer para ser padrinho um desses políticos trapaceiros que temos por aí, corruptos, e ele for regularmente casado pela Igreja, ele será aceito? E que testemunho ele vai dar ao afilhado? Testemunho de corrupção?

Entrevista a La Nación, *7 de dezembro de 2014.*

Famílias em segunda união

A família está em crise. Como integrar, na vida da Igreja, as famílias em segunda união que, por vezes, resultam fenomenais... enquanto as primeiras são um insucesso? Como reintegrá-las? Que frequentem a igreja. Então acontece de simplificarem e dizerem: "Ah, darão a comunhão aos divorciados". Com isso não se resolve nada. O que a Igreja pretende é que a pessoa se integre na vida da Igreja. Mas há quem diga: "Não, eu só quero comungar". Como se comungar fosse o mesmo que usar uma fita, um distintivo honorífico. Não. A pessoa deve se reintegrar.

Quando os casados em segunda união acreditam, creem na doutrina, se reconhecem e aceitam que vivem numa situação definida como irregular, esse não é um impedimento para sua integração, que deverá ocorrer com um acompanhamento do casal.

Entrevista, 13 de março de 2015.

Não apenas leis morais

Um Pastor não pode sentir-se satisfeito apenas aplicando leis morais àqueles que vivem em situações "irregulares", como se fossem pedras que se lançam contra a vida das pessoas.

Por causa dos condicionamentos ou dos fatores atenuantes, é possível que uma pessoa numa situação objetiva de pecado — mas que não seja subjetivamente culpada ou que não o seja de modo pleno — possa viver na Graça de Deus, possa amar e possa também crescer na vida de Graça e caridade, recebendo para esse fim a ajuda da Igreja.

Em certos casos, poderia haver também a ajuda dos sacramentos. Por isso, recordo aos sacerdotes que o confessionário não deve ser uma câmara de tortura, mas sim o lugar da misericórdia do Senhor. Igualmente assinalo que a Eucaristia não é um prêmio para os perfeitos, mas um remédio generoso e um alimento para os fracos.

O discernimento deve ajudar a encontrar as estradas possíveis de resposta a Deus e de crescimento por meio dos limites.

Acreditando que tudo seja branco ou preto, às vezes fechamos a via da Graça e do crescimento e desencorajamos percursos de santificação que dão glória a Deus. Recordemos que um pequeno passo em meio a grandes limites humanos pode dar mais satisfação a Deus do que a vida exteriormente correta de quem transcorre seus dias sem enfrentar dificuldades importantes. A pastoral concreta dos ministros e da comunidade não pode deixar de tornar própria essa realidade.

Amoris laetitia, n. 305.

O discernimento deve ajudar a encontrar as estradas possíveis de resposta a Deus e de crescimento por meio dos limites.

Portas abertas

No encontro com as famílias, em Tuxtla, havia um casal em segunda união, integrado na pastoral da Igreja; e a palavra-chave que o Sínodo usou — e eu a retomarei — é "integrar" na vida da Igreja as famílias feridas, as famílias dos casados uma outra vez, e tudo isso. Mas não esqueçam, no centro estão as crianças! São elas as primeiras vítimas, seja das feridas, seja das condições de pobreza, de trabalho, de tudo isso.

Esta é uma coisa... É o ponto de chegada. É um trabalho de integração... Todas as portas estão abertas. Mas não se pode dizer: daqui por diante "podem receber a Comunhão". Isso também seria uma ferida para os cônjuges, para o casal, porque não os faria percorrer a estrada da integração. E aqueles dois eram felizes! E usaram uma frase muito bela: "Não fazemos a comunhão eucarística, mas fazemos a comunhão na visita ao hospital, nesse e naquele serviço...". A sua integração permaneceu ali. Se houver algo mais, o Senhor lhes dirá, mas... é um caminho, é uma estrada...

Conferência jornalística durante o voo de retorno do México,
17 de fevereiro de 2016.

Quando a separação é inevitável

Há casos nos quais a separação é inevitável. Às vezes pode-se tornar até moralmente necessária, quando justamente se trata de afastar o cônjuge mais fraco, ou os filhos pequenos, das feridas mais graves causadas pela prepotência e pela violência, pelo aviltamento e pela exploração, pelo distanciamento e pela indiferença.

Não faltam, graças a Deus, aqueles que, sustentados pela fé e pelo amor aos filhos, testemunhem sua fidelidade a uma ligação na qual acreditaram, por mais que pareça impossível fazê-la reviver. Nem todos os separados, entretanto, sentem essa vocação. Nem todos reconhecem, na solidão, um apelo do Senhor dirigido a eles. Ao nosso redor encontramos diversas famílias em situações chamadas irregulares — a mim essa palavra não agrada — e fazemos muitas interrogações. Como ajudá-las? Como acompanhá-las? Como acompanhá-las para que as crianças não se tornem reféns do papai ou da mamãe?

Peçamos ao Senhor uma grande fé, para olhar a realidade com o olhar de Deus; e uma grande caridade, para compartilhar com as pessoas Seu coração misericordioso.

Audiência, 24 de junho de 2015.

2

Famílias em crise

Toda família, apesar de sua fraqueza,
pode-se tornar uma luz na escuridão do mundo.

Twitter, 9 de abril de 2016.

Jesus não exclui ninguém

Jesus não excluiu ninguém. Construiu pontes, não muros. Sua mensagem de salvação é para todos. O bom evangelizador está aberto a todos, pronto para escutar todos, sem exclusão.

Afortunadamente, agora é um bom período na vida da Igreja: os últimos cinquenta, sessenta anos, têm sido um bom período. Porque, lembro, quando era criança, ouvia-se nas famílias católicas e também na minha: "Não, não podemos ir à casa deles, porque não são casados pela Igreja". Era uma forma de exclusão. Não, não, vocês não podem ir! Ou porque são socialistas, ou ateus, não podemos ir. Agora, graças a Deus, não se diz mais isso.

Paulo seguiu o comportamento de Jesus, que falou com todos: ouviu a samaritana, dialogou com a samaritana; almoçava com os fariseus, com os pecadores, com os publicanos, com os doutores da lei. Jesus ouviu todos e, quando disse uma palavra de condenação, foi no fim, quando não havia nada a fazer.

E se é o medo de errar que nos impede, é preciso pensar que podemos nos reerguer e continuar a seguir em frente. Aqueles que não caminham para não errar cometem um erro mais grave.

Meditação matutina na capela da Domus Sanctae Marthae, 8 de maio de 2013.

A importância da educação

Recordo o caso de uma menina muito triste que acabou confidenciando à professora o motivo de seu estado de ânimo: "A companheira de minha mãe não me quer bem". O percentual de crianças que estudam nas escolas e têm genitores separados é elevadíssimo. Por vezes, as situações que vivemos, atualmente, propõem novos desafios que são de fato difíceis de compreender.

Como anunciar Cristo a esses meninos e meninas? Como anunciar Cristo a uma geração que está mudando? É preciso ficar atentos para não lhes aplicar uma vacina contra a fé.

São os seguintes os pilares da educação: "Transmitir conhecimento, transmitir modos de fazer, transmitir valores. Por meio desses se transmite a fé". O educador deve estar à altura da pessoa que educa, deve interrogar-se sobre como anunciar Jesus Cristo a uma geração que está mudando.

A tarefa educativa hoje é uma missão-chave, chave, chave!

Colóquio com os Superiores Gerais dos Jesuítas, 29 de novembro de 2013.

Famílias que sofrem

A família é a escola privilegiada de generosidade, de compartilhamento, de responsabilidade, escola que educa para superar uma certa mentalidade individualista que abriu caminho em nossa sociedade. Sustentar e promover a família, valorizando seu papel fundamental e central, significa agir para um desenvolvimento justo e solidário.

Não podemos ignorar o sofrimento de tantas famílias, devido à falta de trabalho, aos problemas da casa, à impossibilidade prática de implementar livremente as próprias escolhas educativas; o sofrimento devido também aos conflitos internos das próprias famílias, aos malogros da experiência conjugal e familiar, à violência que, infelizmente, se aninha e provoca danos também no interior de nossas casas. A todos devemos e queremos estar particularmente próximos, com respeito e verdadeiro sentido de fraternidade e solidariedade.

Porém, sobretudo, queremos recordar o testemunho simples, mas belo e corajoso, de tantas famílias que vivem a experiência do matrimônio e de serem genitores com alegria, iluminados e sustentados pela Graça do Senhor, sem medo de enfrentar também os momentos da Cruz que, vivida em união com a do Senhor, não impede o caminho do amor, mas, na verdade, pode torná-lo mais forte e mais completo.

Mensagem, 11 de setembro de 2013.

O fracasso da vida matrimonial

Hoje gostaria de deter a nossa atenção sobre uma outra realidade: como cuidar daqueles que, em seguida ao fracasso irreversível de seu laço matrimonial, empreenderam uma nova união.

A Igreja está bem a par de que tal situação contradiz o Sacramento cristão. Todavia, seu olhar de mestra, sempre, inspira-se num coração de mãe; um coração que, animado pelo Espírito Santo, sempre procura o bem e a salvação das pessoas. Eis porque sente o dever, "por amor à verdade", de "discernir bem as situações". Assim se exprimia São João Paulo II, citando, como exemplo, a diferença entre quem sofreu a separação e quem a provocou. Deve-se fazer esse discernimento.

Assim, se olharmos também essas novas relações com os olhos dos filhos pequenos — e os pequenos olham —, com os olhos das crianças, vemos ainda mais a urgência de desenvolver, em nossa comunidade, um acolhimento real das pessoas que vivem tais situações.

Por isso é importante que o estilo da comunidade, sua linguagem, suas atitudes, estejam sempre atentos às pessoas, a começar pelos pequenos. Eles são os que mais sofrem nessas situações. De resto, como poderíamos recomendar a esses genitores fazer tudo para educar os filhos na vida cristã, dando-lhes o exemplo de uma fé convicta e praticada, se os mantivéssemos à distância da vida da comunidade, como se fossem excomungados? Devemos agir de modo a não acrescentar outros pesos àqueles que os filhos, nessas situações, já são obrigados a carregar!

Nas últimas décadas, na verdade, a Igreja não tem se mostrado nem insensível nem inativa. Cresceu muito a consciência de que é necessário um acolhimento, fraterno e atento, no amor e na verdade, dos batizados que estabeleceram uma nova convivência depois do fracasso do matrimônio sacramental; de fato, essas pessoas não estão propriamente excomungadas e não são absolutamente tratadas como tais: elas fazem, sempre, parte da Igreja.

Audiência, 5 de agosto de 2015.

Pobreza material e espiritual

A família tem tantos problemas que a põem à prova.

Uma dessas provas é a pobreza. Pensemos nas muitas famílias que povoam as periferias das megalópoles, mas também nas zonas rurais... Quanta miséria, quanta degradação! E ainda mais, para agravar a situação, em alguns lugares ocorre também a guerra.

Apesar de tudo isso, há muitas famílias pobres que, com dignidade, procuram conduzir sua vida diária, com frequência confiando, abertamente, na bênção de Deus. Essa lição, contudo, não deve justificar nossa indiferença, mas, ao contrário, aumentar nossa vergonha pelo fato de haver tanta pobreza! É quase um milagre que, mesmo na pobreza, a família continue a formar-se e até a conservar — do modo como pode — a humanidade especial de seus laços.

Deveríamos nos ajoelhar diante dessas famílias que são uma verdadeira escola de humanidade, que salvam a sociedade da barbárie.

Ficamos sempre muito comovidos ao ver as imagens de crianças desnutridas e doentes que nos são mostradas em tantas partes do mundo.

Ao mesmo tempo, também nos comovemos muito com o olhar luminoso de muitas crianças, privadas de tudo, que estão em escolas feitas de nada, quando mostram, com orgulho, seu lápis e seu caderno. E como olham com amor seu professor ou sua professora! Realmente as crianças sabem que o homem não vive só de pão! Quando há miséria, as crianças sofrem, porque elas querem o amor, os laços familiares.

A esses fatores materiais acrescenta-se o dano causado à família por pseudomodelos difundidos pelos meios de comunicação de massa, baseados no consumismo e no culto de aparecer, que influenciam as classes sociais mais pobres e incrementam a desagregação dos laços familiares.

Audiência geral, 3 de junho de 2015.

Os pesos carregados

Atualmente, os pesos que sobrecarregam a vida da família são muitos. Nas Filipinas, inumeráveis famílias ainda sofrem as consequências dos desastres naturais. A situação econômica provocou a fragmentação das famílias com a emigração e a procura de emprego, além de problemas financeiros que atormentam muitos lares domésticos. Enquanto um número muito grande de pessoas vive em extrema pobreza, outras são atraídas pelo materialismo e por estilos de vida que anulam a vida familiar e as exigências mais fundamentais da moral cristã. Essas são as colonizações ideológicas.

Discurso, 16 de janeiro de 2015.

3

Presidiários

Caros presidiários, vocês experimentaram grandes dores,
vocês podem tornar-se profetas de uma sociedade
que não gere mais violência e exclusão.
Twitter, 17 de fevereiro de 2016.

As estradas da vida

Todos sabemos que viver é caminhar, viver é andar por diversas estradas, diversas trilhas que deixam seu sinal em nossa vida.

E, pela fé, sabemos que Jesus nos procura, quer curar nossas feridas, curar nossos pés das chagas de um caminho carregado de solidão, limpar-nos do pó que se fixa pelas estradas que cada um percorreu. Jesus não nos pergunta aonde fomos, não nos interroga sobre o que estávamos fazendo.

Ele vem ao nosso encontro para nos firmar, de novo, na dignidade dos filhos de Deus. Quer ajudar-nos a recompor o nosso andar, retomar o nosso caminho, recuperar a nossa esperança, restituir-nos à fé e à confiança. Quer que voltemos para as estradas, para a vida, sentindo que temos uma missão; que esse tempo de reclusão nunca foi e nunca será sinônimo de expulsão.

Viver implica "sujar os pés" pelas estradas poeirentas da vida e da história. E todos temos necessidade de sermos purificados, de sermos lavados. Todos, eu em primeiro lugar. Todos somos cercados por esse Mestre que nos quer ajudar a retomar o caminho. O Senhor nos procura a todos para dar-nos a sua mão. É penoso, por vezes, detectar a existência de sistemas penitenciários que não buscam curar as pragas, sarar as feridas, gerar novas oportunidades. É doloroso constatar como, às vezes, acredita-se que somente alguns têm necessidade de serem lavados, purificados, sem considerar que seu cansaço, sua dor, suas feridas são também o cansaço, a dor e as feridas de toda uma sociedade.

Esse momento na vida de vocês pode ter um único objetivo: estender a mão para retomar o caminho, estender a mão para colaborar na reinserção social. Uma reinserção da qual todos fazemos parte, que todos somos chamados a estimular, acompanhar e realizar. Uma reinserção procurada e desejada por todos: reclusos, famílias, funcionários, políticas sociais e educativas. Uma reinserção que beneficie e eleve o nível moral de toda a comunidade e a sociedade.

Visita aos detentos na Filadélfia, 27 de setembro de 2015.

Estamos todos feridos

Também Pedro e Paulo, discípulos de Jesus, foram prisioneiros. Foram privados da liberdade. Naquela circunstância, algo os sustentou, algo que não os deixou cair em desespero, não os deixou cair na escuridão que pode resultar da falta de sentido. Foi a oração. Oração pessoal e comunitária, que nos preserva do desespero e nos estimula a continuar nossa caminhada.

Porque quando Jesus entra na vida, ninguém fica aprisionado em seu passado, mas começa a olhar o presente de outro modo, com outra esperança. A pessoa começa a olhar a si mesma, a própria realidade com um olhar diferente. Não permanece ancorada naquilo que sucedeu, mas é capaz de chorar e então encontrar forças para recomeçar. E se, em algum momento, sentimo-nos tristes, estamos mal, abatidos, convido-os a olhar o rosto de Jesus crucificado.

Nas chagas de Jesus encontram lugar as nossas chagas. Porque todos temos chagas, de um modo ou de outro. Ele morreu por vocês, por mim, para dar-nos a mão e erguer-nos. Jesus quer sempre nos reerguer.

E essa certeza nos incentiva a trabalhar pela nossa dignidade. Reclusão não é a mesma coisa que exclusão, porque reclusão é parte de um processo de reinserção na sociedade.

São muitos os elementos que jogam contra vocês nesse lugar: a superlotação, a lentidão da justiça, a falta de terapias ocupacionais e de políticas reabilitadoras, a violência, a falta de incentivos para os estudos universitários...

Todavia, enquanto se luta para isso, não podemos dar tudo por perdido. Há coisas que já podemos fazer aqui e agora.

Aqui, neste centro de reabilitação, a convivência depende em parte de vocês. O sofrimento e a privação podem tornar o nosso coração egoísta e dar lugar a conflitos, mas temos também a capacidade de transformá-los em oportunidade para a fraternidade autêntica. Ajudem-se uns aos outros. Não tenham medo de ajudar uns aos outros. O Diabo procura as brigas, procura a rivalidade, a divisão, as facções. Não façam o seu jogo! Lutem para seguir em frente, unidos.

Discurso no centro de reeducação Santa Cruz — Bolívia, 10 de julho de 2015.

Uma nova história

Às vezes pode parecer que o objetivo dos cárceres seja colocar as pessoas em condição de continuar a cometer delitos, mais do que promover processos de reabilitação que permitam enfrentar os problemas sociais, psicológicos e familiares que levaram uma pessoa a determinado comportamento.

Sabemos que não se pode voltar atrás, sabemos que o que foi feito, feito está; por isso quis celebrar com vocês o Jubileu da Misericórdia, para ficar claro que isso não significa que não existe a possibilidade de escrever uma nova história de agora em diante.

Vocês sofrem a dor da queda; sentem arrependimento por seus atos e sei que, em muitos casos, em meio a grandes limitações, procuram reconstruir a vida a partir da solidão. Vocês conheceram a força da dor e do pecado; não esqueçam que têm, a seu alcance, também a força da ressurreição, a força da Misericórdia divina que faz novas todas as coisas.

Empenhem-se, daqui de dentro, para reverter as situações que geram mais exclusão. Quem sofreu profundamente a dor e, poderíamos dizer, "experimentou o inferno", pode tornar-se um profeta na sociedade. Trabalhem para que esta sociedade que usa e joga fora as pessoas não continue a fazer vítimas.

Ao dizer-lhes essas coisas, recordo as palavras de Jesus: "Quem dentre vós não tiver pecado, atire a primeira pedra!" (*Jo* 8, 7). E teria de ir-me embora... Ao dizer-lhes essas coisas, não o faço como quem fala do alto de uma cátedra, com o dedo apontado, faço-o a partir da experiência das minhas próprias feridas, de erros e pecados que o Senhor me quis perdoar e reeducar. Faço-o com a consciência de que, sem a Sua Graça e a minha vigilância, poderia voltar a repeti-los.

Irmãos, eu me pergunto sempre, ao entrar numa prisão: "Por que eles e não eu?". E é um mistério da Misericórdia divina.

Discurso no centro de reabilitação social da Ciudad Juárez — México,
17 de fevereiro de 2016.

Se erramos na vida

Às vezes acontece de nos sentirmos desiludidos, descrentes, abandonados por todos: mas Deus não se esquece dos seus filhos, não os abandona nunca! Ele está sempre ao nosso lado, especialmente na hora da prova; é um Pai "rico em misericórdia" (*Ef* 2, 4), que sempre volta para nós seu olhar sereno e benévolo, espera-nos sempre de braços abertos. Essa é uma certeza que infunde consolação e esperança, especialmente nos momentos difíceis e tristes.

Mesmo se erramos na vida, o Senhor não se cansa de indicar-nos a via do retorno e do encontro com Ele. O amor de Jesus por cada um de nós é fonte de consolo e esperança. É uma certeza fundamental para nós: nada poderá, nunca, nos separar do amor de Deus! Nem mesmo as barras de uma prisão. A única coisa que pode nos separar Dele é o nosso pecado; mas se o reconhecermos e o confessarmos, com arrependimento sincero, esse mesmo pecado se tornará lugar de encontro com Ele, porque Ele é Misericórdia.

Queridos irmãos, conheço a sua situação dolorosa: chegam-me tantas cartas — algumas de fato comoventes — das penitenciárias de todo o mundo.

Frequentemente, os prisioneiros são mantidos em condições indignas da pessoa humana e depois não conseguem reintegrar-se na sociedade. Mas, graças a Deus, há também dirigentes, capelães, educadores, agentes pastorais que sabem ficar perto de vocês da maneira certa. E há algumas experiências boas e significativas de integração. É necessário trabalhar em cima disso, desenvolver essas experiências positivas que fazem crescer uma atitude diferente na comunidade civil e também na comunidade da Igreja.

Na base desse empenho está a convicção de que o amor sempre pode transformar a pessoa humana. E então um lugar de marginalização, como pode ser o cárcere, em sentido negativo, pode tornar-se um lugar de inclusão e de estímulo para toda a sociedade, para que seja mais justa, mais atenta às pessoas.

Discurso para os detentos de Poggioreale, 21 de março de 2015.

Detentos e reintegração

Nas reflexões que dizem respeito aos prisioneiros, frequentemente se enfatiza o tema do respeito aos direitos fundamentais do homem e a exigência de condições correspondentes de expiação da pena. Mas essa perspectiva ainda é insuficiente se não for acompanhada e completada por um empenho concreto das instituições em vista de uma reintegração efetiva na sociedade.

Quando essa finalidade é negligenciada, a execução da pena se transforma em instrumento de punição e retaliação social apenas, por sua vez danoso para o indivíduo e para a sociedade. E Deus não faz isso conosco. Deus, quando nos perdoa, acompanha-nos e ajuda-nos no caminho. Sempre. Também nas coisas pequenas. Quando vamos nos confessar, o Senhor nos diz: "Eu o perdoo. Mas agora venha comigo". E Ele nos ajuda a retomar o caminho. Nunca condena. Nunca perdoa apenas, mas perdoa e acompanha.

Por outro lado, uma verdadeira e plena reintegração da pessoa não ocorre como fim de um percurso somente humano. Nesse caminho também entra o encontro com Deus, a capacidade de nos entregarmos ao olhar de Deus, que nos ama.

É mais difícil deixar-se olhar por Deus do que olhar Deus. É mais difícil deixar-se encontrar por Deus do que encontrá-Lo, porque em nós há sempre resistência. E Ele espera por você, Ele nos olha, Ele nos procura sempre. Esse Deus que nos ama, que é capaz de nos compreender, capaz de perdoar os nossos erros. O Senhor é um mestre da reintegração: toma-nos pela mão e leva-nos de volta para a comunidade social.

Desejo a todos vocês que este tempo não tenha sido perdido, mas possa ser um tempo precioso, durante o qual possam pedir e obter de Deus essa Graça. Assim fazendo, vocês contribuirão para tornar melhores antes de tudo vocês próprios, mas, ao mesmo tempo, também a comunidade, porque no bem e no mal as nossas ações influem sobre os outros e sobre toda a família humana.

Por favor, peço-lhes para orarem por mim, porque também eu cometi meus erros e devo fazer penitência.

Palestra na Casa Circondariale di Castrovillari — Cosenza, 21 de junho de 2014.

Aprender a se levantar de novo

Escutem bem: Deus perdoa tudo! Entenderam? Somos nós que não sabemos perdoar. Somos nós que não encontramos as estradas do perdão, muitas vezes por incapacidade ou por ser mais fácil encher os cárceres do que ajudar a seguir em frente quem errou na vida. O caminho mais fácil? A prisão. E sem perdão.

E o que significa o perdão? Você caiu? Levante-se! Eu o ajudarei a levantar-se, a reintegrar-se na sociedade. Sempre há o perdão e devemos aprender a perdoar. De que modo? Ajudando quem errou a reintegrar-se.

Há uma bela canção entoada pelos alpinos. Diz mais ou menos assim: "Na arte de subir, a vitória não está em não cair, mas em não permanecer caído". Todos caímos, todos erramos. Mas a nossa vitória sobre nós mesmos e sobre os outros — para nós mesmos — é não permanecermos "caídos" e também ajudarmos os outros a não permanecerem "caídos". Esse é um trabalho muito difícil, porque é mais fácil descartar da sociedade uma pessoa que cometeu um erro horrível e condená-la à morte ou fazê-la cumprir pena de prisão perpétua... O trabalho deve ser sempre o de reinserir, não permanecer "caído".

Palestra a crianças e jovens das escolas italianas, 11 de maio de 2015.

Transformar o passado

Não se deixem prender no passado; pelo contrário, transformem-no em caminho de crescimento, de fé e de caridade. Dê a Deus a possibilidade de fazê-los "brilhar" também por meio dessa experiência.

Agradeço-lhes terem pensado em mim em meio às dificuldades de suas situações de vida atuais. Confio-lhes que também eu, muitas vezes, penso em vocês e nas pessoas que, como vocês, vivem em cárceres. Por esse motivo, nas minhas visitas pastorais sempre peço, quando possível, poder encontrar irmãos e irmãs que vivem uma liberdade limitada para levar-lhes afeto e solidariedade. Vocês vivem uma experiência na qual o tempo parece ter parado, parece que nunca terminará. Mas a verdadeira medida do tempo não é a do relógio.

Estejam sempre certos de que Deus nos ama pessoalmente: para Ele não importa a sua idade ou a sua cultura, não importa nem mesmo o que vocês foram, as coisas que fizeram, os objetivos que realizaram, os erros que cometeram, as pessoas que tenham ferido.

Na história da Igreja, tantos santos chegaram à santidade por meio de experiências duras e difíceis.

Abram a porta de seu coração para Cristo e será Cristo a reverter a sua situação.

Carta aos detentos da Casa Circondariale di Velletri — Roma, 25 de abril de 2016.

A porta da cela

Meu pensamento se dirige aos encarcerados, que experimentam a limitação de sua liberdade. O Jubileu sempre constituiu a oportunidade de uma grande anistia, destinada a incluir muitas pessoas que, embora merecedoras de pena, todavia, tomaram consciência da injustiça que praticaram e desejam, sinceramente, inserir-se de novo na sociedade, levando-lhe sua contribuição honesta.

Que a todos eles chegue, concretamente, a Misericórdia do Pai, que quer estar próximo de quem tem mais necessidade de seu perdão. Nas capelas dos cárceres poderão obter a indulgência, e toda vez que passarem pela porta de sua cela, dirigindo o pensamento e a oração ao Pai, que esse gesto possa significar para eles a passagem pela Porta Santa, porque a Misericórdia de Deus, capaz de transformar os corações, também consegue transformar as grades em experiência de liberdade.

Carta, 1º de setembro de 2015.

Próximos de quem sofre

Devemos sair e ir às periferias. O cárcere é uma das periferias mais terríveis, com mais sofrimento... Visitar uma prisão significa, antes de mais nada, dizer a si próprio: "Se eu não estou aqui, como esta e aquela pessoa, é por pura Graça de Deus".

Se não caímos naqueles erros, ou mesmo naqueles delitos ou crimes, alguns pesados, é porque o Senhor nos tomou pela mão. Não se pode entrar no cárcere com o espírito de "venho aqui lhe falar de Deus, para que você tenha paciência, porque você é de uma classe inferior, é um pecador": não, não! Eu sou mais pecador do que você, e esse é o primeiro passo. No cárcere, pode-se dizer isso com muita coragem, mas devemos sempre dizê-lo: quando vamos pregar Jesus Cristo para uma pessoa que não O conhece ou para uma pessoa que leva uma vida que não parece muito moral, devemos pensar que somos mais pecadores do que ela, porque se não caí naquela situação é pela Graça de Deus.

Você pede ao Senhor para permanecer aberto à voz do Espírito, para ir àquela periferia; e então amanhã, talvez, Ele lhe peça para ir a uma outra, você não sabe... Mas é sempre o Senhor quem nos envia.

E no cárcere, sempre devemos dizer isso, não? Também em relação a tantas pessoas que sofrem: por que essa pessoa sofre, e eu não? Por que essa pessoa não conhece Deus, não tem esperança na vida eterna, sabe que tudo termina aqui, e eu não? Por que essa pessoa é acusada nos tribunais por ser corrupta, e eu não? Pela Graça do Senhor!

A pena de prisão perpétua é uma condenação à morte, porque se sabe que dali não se sai. É duro. O que digo àquele homem? O que digo àquela mulher? Mas talvez... não diga nada. Pegue a mão, acaricie-o, chore com ele, chore com ela... Assim, você terá os mesmos sentimentos de Cristo Jesus. Avizinhe-se do coração de quem sofre.

Porém, muitas vezes, não podemos dizer nada. Nada. Porque uma palavra seria uma ofensa. Somente gestos. Os gestos que fazem ver o amor. "Você é um condenado à prisão perpétua, mas compartilho com você essa parte de sua vida como condenado", e esse compartilhamento se faz com amor, nada mais. Isso é semear o amor.

Discurso, 30 de abril de 2015.

Acusar a si mesmo

Quando começamos a perceber as coisas de que somos capazes, sentimo-nos mal, sentimos asco a ponto de nos perguntarmos: "Mas como sou capaz de fazer isso?". Por exemplo, quando encontro inveja em meu coração e sei que essa inveja é capaz de falar mal de outro e matá-lo moralmente, devo me perguntar: "Sou capaz disso? Sim, sou capaz!". E exatamente desse modo começa a sabedoria, a sabedoria de acusar a si mesmo.

Portanto, se não aprendermos esse primeiro passo da vida, nunca trilharemos o caminho da vida cristã, da vida espiritual.

Quando andamos pela rua e passamos em frente a uma prisão, podemos pensar que os detidos "merecem isso". Mas você sabia que, se não tivesse sido pela Graça de Deus, você estaria ali? Você já pensou que é capaz de fazer as coisas que eles fizeram, ou até pior? É exatamente isso que significa acusar a si mesmo, não esconder as raízes do pecado que estão em nós, todas aquelas coisas que somos capazes de fazer, ainda que não possam ser vistas.

É uma atitude que nos envergonha diante de Deus, e essa é uma virtude: a vergonha diante de Deus. Para envergonhar-se é preciso dizer: "Veja, Senhor, sinto repugnância por mim mesmo, mas o Senhor é grande: a mim, a vergonha, a Si — e a peço —, a misericórdia".

Jesus é claro: "Sede misericordiosos como vosso Pai é misericordioso" (*Lc*, 6, 36). Aliás, quem aprende a acusar a si mesmo é misericordioso com os outros. E pode dizer: "Mas quem sou eu para julgá-lo, se eu sou capaz de fazer coisas piores?".

É uma frase importante: "Quem sou eu para julgar o outro?". E isso é compreendido à luz das palavras de Jesus e de seu apelo: "Não julgueis".

E, no entanto, como gostamos de julgar os outros, falar mal deles! No entanto, o Senhor é claro: "Não julgueis e não sereis julgados; não condeneis e não sereis condenados; perdoai e sereis perdoados" (*Lc*, 6, 37).

Meditação matutina na capela da Domus Sanctae Marthae, 2 de março de 2015.

Por que ele e não eu?

Para o desafio da reintegração social há necessidade de um percurso, de um caminho, seja do lado de fora, no cárcere, na sociedade, seja do lado de dentro, na consciência e no coração. Todos cometemos erros na vida. E todos devemos pedir perdão por esses erros e seguir um caminho de reintegração, para não cometê-los mais.

Alguns seguem essa estrada na própria casa, no próprio trabalho; outros, como vocês, numa penitenciária. Quem diz que não tem necessidade de seguir um caminho de reintegração é um mentiroso! Todos erramos na vida e também somos, todos, pecadores.

O importante é não ficarmos parados. Todos sabemos que a água parada apodrece. Há um ditado em língua espanhola que diz: "A água parada, que não escorre, é a primeira a se corromper". Devemos caminhar, dar um passo todo dia, com a ajuda do Senhor.

Alguns pensam seguir um caminho de punição, de erros, de pecados e somente sofrer, sofrer, sofrer... É verdade, é verdade, sofre-se. Sofre-se dentro e sofre-se também fora, quando percebemos que a própria consciência não é pura, é suja e queremos mudá-la. O sofrimento que purifica, como o fogo que purifica o ouro, é um sofrimento com esperança.

Ele nos perdoa, nos toma pela mão e nos ajuda a seguir em frente nesse caminho de reintegração, na própria vida pessoal e também na vida social. Assim, Ele faz com todos nós.

Pensar que a ordem interior de uma pessoa será corrigida somente "a pauladas", somente com punição, isso não é de Deus, isso é errado. Alguns pensam: "Não, não, deve-se punir mais, mais anos de reclusão, mais!". Isso não resolve nada, nada!

Enjaular as pessoas pelo único fato de que, se ela ficar presa, estamos seguros, isso não serve, não nos ajuda.

Faço-lhes uma confidência. Quando estou com um de vocês, que está numa casa penitenciária, que está caminhando para a reintegração, mas que está recluso, sinceramente, faço-me a pergunta: por que ele e não eu?

Conversa na Casa Circondariale de Isernia, 5 de julho de 2014.

Deus perdoa tudo! Somos nós que não sabemos perdoar. Somos nós que não encontramos as estradas do perdão, muitas vezes por incapacidade ou por ser mais fácil encher os cárceres do que ajudar a seguir em frente quem errou na vida.

4

Pessoas homossexuais

É preciso sempre considerar a pessoa.
Entrevista, 19 de setembro de 2013.

Deus ama todas as suas criaturas

Os homossexuais devem ser tratados com delicadeza e não devem ser marginalizados. Para começar, agrada-me que se fale de "pessoas homossexuais": primeiro há a pessoa, na sua inteireza e dignidade. E a pessoa não é definida somente pela sua tendência sexual; não nos esqueçamos de que somos todos criaturas amadas por Deus, destinatárias do Seu infinito amor.

Prefiro que as pessoas homossexuais venham confessar-se, que permaneçam próximas ao Senhor, que possamos orar juntos. Você pode aconselhar-lhes a oração, a boa vontade, indicar o caminho, acompanhá-los.

O nome de Deus é Misericórdia, *janeiro de 2016.*

Respeitar e acolher

Com os Padres sinodais levei em consideração a situação das famílias que vivem a experiência de ter em casa pessoas com tendência homossexual, experiência nada fácil para os genitores nem para os filhos.

Por isso desejamos, antes de mais nada, reiterar que toda pessoa, independentemente da própria orientação sexual, deve ser respeitada na sua dignidade e acolhida com respeito, tomando-se o cuidado de evitar qualquer rótulo de discriminação injusta e, particularmente, qualquer forma de agressão e violência.

No que diz respeito às famílias, trata-se, em vez disso, de assegurar um acompanhamento respeitoso, para que aqueles que manifestam a tendência homossexual possam ter a ajuda necessária para compreender e realizar plenamente a vontade de Deus em sua vida.

Amoris laetitia, n. 250.

A nova lei

Em relação à lei que está para ser votada no Parlamento italiano, que diz respeito à união entre pessoas do mesmo sexo, um parlamentar católico deve votar segundo a própria consciência bem formada: é isso, diria somente isso. Creio que seja suficiente. E digo "bem formada", porque não é a consciência "daquilo que me parece".

Recordo-me, quando foi votado o matrimônio das pessoas do mesmo sexo, em Buenos Aires, havia um empate de votos e, ao fim, um disse para o outro:

— Mas você vê claramente?

— Não.

— Nem eu tampouco.

— Vamos embora.

— Se formos embora, não alcançaremos o quórum.

— Mas, se alcançarmos o quórum, daremos o voto a Kirchner!

— Prefiro dá-lo a Kirchner, e não a Bergoglio!

... E continuou por aí.

Essa não é a consciência bem formada!

E sobre as pessoas do mesmo sexo, repito aquilo que disse na viagem de retorno do Rio de Janeiro e que está no Catecismo da Igreja Católica.

Conferência jornalística durante o voo de retorno do México, 17 de fevereiro de 2016.

A Igreja não pode condenar

Devemos anunciar o Evangelho em todas as estradas, pregando a boa notícia do Reino e curando, também com a nossa pregação, todo tipo de doenças e feridas.

Em Buenos Aires eu recebia cartas de pessoas homossexuais, que são "feridos sociais", porque me diziam sentir que a Igreja os havia sempre condenado. Mas a Igreja não quer fazer isso. Durante o voo de retorno do Rio de Janeiro eu disse que, se uma pessoa homossexual tem boa vontade e está à procura de Deus, não sou ninguém para julgá-la. Falando isso eu disse o que está no Catecismo.

A religião tem direito de exprimir a própria opinião a serviço das pessoas, mas Deus, na criação, nos fez livres: a ingerência espiritual na vida pessoal não é possível.

Uma vez, uma pessoa, de modo provocador, perguntou-me se eu aprovava a homossexualidade. Então respondi com outra pergunta: "Diga-me: Deus, quando olha uma pessoa homossexual, aprova a existência dela com afeto ou a rejeita condenando-a?".

É preciso sempre considerar a pessoa. Aqui entramos no mistério do homem. Na vida, Deus acompanha as pessoas, e nós devemos acompanhá-las a partir da sua condição. É necessário acompanhar com misericórdia.

Quando isso acontece, o Espírito Santo inspira o sacerdote a dizer a coisa certa.

Entrevista a La Civiltà Cattolica, *19 de setembro de 2013.*

5

Novos escravos

Maria, Virgem fiel, proteja todas as mulheres
objeto de exploração e de violência.
Via Crucis, 25 de março de 2016.

Não fechemos os olhos

Causa preocupação ver aumentar o número de jovens e de mulheres que são obrigadas a ganhar a vida nas ruas, vendendo o próprio corpo, exploradas pelas organizações criminosas e, às vezes, por parentes e familiares.

Essa realidade é uma vergonha da nossa sociedade, que se gaba de ser moderna e de ter alcançado altos níveis de cultura e desenvolvimento. A corrupção difusa e a procura do lucro a todo custo privam os inocentes e os mais fracos da possibilidade de uma vida digna, alimentam a criminalidade do tráfico e as outras injustiças que pesam sobre seus ombros. Ninguém pode ficar inerte frente à necessidade urgente de salvaguardar a dignidade da mulher, ameaçada por fatores culturais e econômicos!

A Igreja não pode se calar, as instituições eclesiásticas não podem fechar os olhos diante do fenômeno nefasto das crianças e das mulheres de rua. É importante envolver as diversas expressões da comunidade cristã, nos vários países, a fim de remover as causas que obrigam uma criança ou uma mulher a viverem na rua ou a procurarem ganhar a vida na rua.

Nunca poderemos deixar de levar a todos, de modo particular aos mais fracos e desfavorecidos, a bondade e a ternura de Deus Pai misericordioso.

A misericórdia é o ato supremo pelo qual Deus vem ao nosso encontro, é a via que abre o coração à esperança de sermos amados para sempre.

E agora eu os convido a orar a Nossa Senhora e pedir-lhe para acariciar essas crianças que vivem na rua, essas mulheres... que tanto sofrem.

Discurso, 17 de setembro de 2015.

Escravidão moderna

Atualmente, a exploração física, econômica, sexual e psicológica de homens e mulheres, meninos e meninas acorrenta dezenas de milhões de pessoas à desumanidade e à humilhação. Cada ser humano — homem, mulher, menino, menina — é imagem de Deus; por isso todo ser humano é uma pessoa livre, destinada a existir pelo bem dos outros, em igualdade e fraternidade. Cada pessoa e todas as pessoas são iguais e deve-se reconhecer a todos a mesma liberdade e a mesma dignidade.

Qualquer relação discriminadora que não respeite a convicção fundamental de que o outro é como eu mesmo constitui um delito e, muitas vezes, um delito abominável.

Por isso declaramos em nome de todos e de cada um de nossa crença que a escravidão moderna — na forma de tráfico de pessoas, trabalho forçado, prostituição, tráfico de órgãos — é um crime de "lesa-humanidade". Suas vítimas são de todas as condições, mas na maioria das vezes se encontram entre os mais pobres e os mais vulneráveis de nossos irmãos e irmãs.

Apesar dos grandes esforços de muitos, a escravidão moderna continua a ser um flagelo atroz presente em larga escala em todo o mundo, inclusive na forma de turismo. Esse crime de "lesa-humanidade" mascara-se por trás de hábitos visíveis e aceitos. Na realidade, vemos suas vítimas na prostituição, no tráfico de pessoas, no trabalho forçado, no trabalho escravo, na mutilação, na venda de órgãos, no consumo de drogas, no trabalho infantil.

Peço ao Senhor que nos conceda, hoje, a Graça de nos convertermos, nós próprios, no próximo de cada pessoa, sem exceções, oferecendo ajuda ativamente e sempre àqueles que encontrarmos em nosso caminho — quer se trate de um idoso abandonado por todos, de um trabalhador injustamente escravizado e desprezado, de uma refugiada ou de um refugiado enredados nos laços do mundo do crime, de um jovem ou de uma jovem que caminham pelas estradas do mundo vítimas do comércio sexual, de um homem ou de uma mulher induzidos à prostituição enganados por pessoas sem temor a Deus, de um menino ou de uma menina cujos órgãos foram mutilados.

Discurso por ocasião da assinatura da Declaração Conjunta dos Líderes Religiosos Contra a Escravidão, 2 de dezembro de 2014.

Não ferir a dignidade

Quando eu era reitor do Colégio Massimo dos Jesuítas e pároco na Argentina, recordo uma mãe que tinha filhos pequenos e fora abandonada pelo marido. Não tinha trabalho fixo, conseguia achar trabalhos ocasionais somente alguns meses por ano. Quando não encontrava trabalho, para dar de comer a seus filhos, era prostituta. Era humilde, frequentava a paróquia, procurávamos ajudá-la com a Cáritas.

Recordo que um dia — estávamos no período das festas natalinas — ela veio com os filhos ao colégio e perguntou por mim. Chamaram-me e fui recebê-la.

Estava lá para agradecer-me. Eu acreditava que fosse pelo pacote com os gêneros alimentícios da Cáritas que lhe haviam enviado:

— Recebeu o pacote? — perguntei-lhe.

— Sim, sim, agradeço ao senhor também por aquilo — respondeu-me ela. — Mas eu vim aqui para agradecer-lhe, sobretudo, porque o senhor nunca deixou de me chamar de "senhora".

São experiências pelas quais se aprende quanto é importante acolher com delicadeza quem está a nossa frente, não ferir sua dignidade.

Para ela, o fato de que o pároco, mesmo intuindo a vida que ela levava nos meses em que não podia trabalhar, continuasse a chamá-la de "senhora" era tão importante quanto — ou talvez mais do que — a ajuda concreta que lhe dávamos.

O nome de Deus é Misericórdia, *2016.*

A alegria do renascimento

Recordo-me de um encontro com uma moça na entrada de um santuário. Era bela e sorridente. Contou-me:

— Estou contente, Padre, estou vindo agradecer a Nossa Senhora por uma graça recebida.

Ela era a mais velha dos irmãos, não tinha o pai para ajudar a manter a família e se prostituía.

— Não havia outro trabalho na minha cidadezinha...

Contou-me que um dia, no prostíbulo, chegou um homem. Encontrava-se ali a trabalho, vinha de uma grande cidade. Gostaram um do outro e, por fim, ele propôs que ela fosse viver com ele. Por muito tempo ela pedira a Nossa Senhora para encontrar um trabalho que lhe permitisse mudar de vida. Estava muito feliz por poder parar de fazer o que fazia.

Eu lhe fiz duas perguntas: a primeira dizia respeito à idade do homem que ela havia encontrado. Procurava certificar-me de que não se tratava de uma pessoa idosa que só queria explorá-la. Ela me contou que ele era jovem.

E depois perguntei-lhe:

— E ele a desposará?

— Eu gostaria — respondeu ela. — Mas ainda não ouso pedir-lhe isso, pois tenho medo de assustá-lo...

Estava tão feliz de poder deixar aquele mundo onde havia vivido para manter a família.

O nome de Deus é Misericórdia, *2016.*

Sem liberdade

Apesar de a comunidade internacional ter adotado numerosos acordos para dar fim à escravidão em todas as suas formas e ter iniciado diversas estratégias para combater esse fenômeno, ainda hoje milhões de pessoas — crianças, homens e mulheres de todas as idades — são privadas da liberdade e obrigadas a viver em condições semelhantes às da escravidão.

Penso nas pessoas obrigadas a prostituírem-se, entre as quais há muitos menores, e nas escravas e nos escravos sexuais; nas mulheres forçadas a casarem-se, naquelas vendidas para matrimônio ou nas transmitidas em sucessão a um familiar após a morte do marido sem que tenham o direito de dar ou não o próprio consentimento.

Não posso deixar de pensar em quantos, menores e adultos, são tratados como objetos de tráfico e como mercadoria para a remoção de órgãos, para serem recrutados como soldados, para mendicidade, para atividades ilegais como a produção ou a venda de drogas. Ou para formas disfarçadas de adoção internacional.

Penso, enfim, em todos aqueles que são raptados e mantidos em cativeiro por grupos terroristas, subordinados a seus fins como combatentes ou, sobretudo, no que diz respeito às moças e às mulheres, como escravas sexuais. Tantos deles desaparecem, alguns são vendidos mais vezes, seviciados, mutilados ou mortos.

É necessário que seja reconhecido o papel da mulher na sociedade, agindo também no plano cultural e da comunicação para obter os resultados esperados.

Mensagem para a XLVIII Jornada Mundial da Paz, 1° de janeiro de 2015.

6

Idosos

Às vezes rejeitamos os idosos, mas eles são um tesouro precioso: rejeitá-los é injusto e constitui uma perda irreparável.

Twitter, 17 de junho de 2014.

Proteger o idoso

A pessoa, em qualquer circunstância, é um bem para si mesma e para os outros e é amada por Deus. Por isso, quando sua vida se torna muito frágil e avizinha-se à conclusão da existência terrena, sentimos a responsabilidade de assisti-la e acompanhá-la do melhor modo.

A Bíblia reserva uma severa admoestação para aqueles que negligenciam ou maltratam os genitores. O mesmo juízo vale hoje quando os genitores, tendo se tornado idosos e menos úteis, permanecem marginalizados, chegando inclusive ao abandono. E temos tantos exemplos disso!

A palavra de Deus continua viva e vemos bem como o mandamento continua de premente atualidade para a sociedade contemporânea, em que a lógica da utilidade prevalece sobre a da solidariedade e da gratuidade, até mesmo no interior das famílias.

Não há dever mais importante para uma sociedade do que o de preservar a pessoa humana.

Os idosos têm necessidade, em primeiro lugar, dos cuidados dos familiares — cujo afeto não pode ser substituído nem mesmo pelas estruturas mais eficientes ou pelos auxiliares de saúde mais competentes e caridosos. Quando não autossuficientes, ou com doença avançada ou terminal, os idosos podem usufruir de uma assistência verdadeiramente humana e receber respostas adequadas às suas necessidades graças aos cuidados paliativos oferecidos em conjunto com o apoio prestado pelos familiares.

Os cuidados paliativos têm o objetivo de aliviar o sofrimento na fase final da doença e de assegurar, ao mesmo tempo, ao paciente um acompanhamento humano adequado. Trata-se de um suporte importante, sobretudo, para os idosos, os quais, pela idade, sempre recebem menos atenção da medicina curativa e são frequentemente abandonados.

O abandono é a "doença" mais grave do idoso e também a injustiça maior que ele pode sofrer: aqueles que nos ajudaram a crescer não devem ser abandonados quando têm necessidade da nossa ajuda, do nosso amor e da nossa ternura.

Discurso, 5 de março de 2015.

Os idosos somos nós

Graças aos progressos da medicina, a vida prolongou-se: mas a sociedade não se "abriu" à vida! O número de idosos se multiplicou, mas a nossa sociedade não está suficientemente organizada para dar-lhes lugar, com respeito justo e consideração real por sua fragilidade e sua dignidade.

Enquanto somos jovens, somos levados a ignorar a velhice, como se fosse uma doença que deve ser mantida a distância; quando, depois, ficamos velhos, especialmente se somos pobres, se somos doentes sem ninguém, experimentamos as lacunas de uma sociedade programada para a eficiência e que, consequentemente, ignora os idosos. E os idosos são uma riqueza, não podem ser ignorados.

Uma cultura do lucro insiste em fazer os velhos parecerem um peso, um "lastro". Não apenas não produzem, segundo essa cultura, mas são um ônus: em suma, qual é o resultado de se pensar isso? Eles precisam ser descartados. É horrível ver os idosos descartados, é feio, é pecado! Não se ousa dizê-lo abertamente, mas se faz! Há algo vil nesse costume da cultura do descarte. Mas estamos habituados a descartar as pessoas. Queremos remover o nosso medo crescente da debilidade e da vulnerabilidade; mas, assim, aumentamos nos idosos a angústia de serem abandonados e de não receberem auxílio.

Os idosos são homens e mulheres, pais e mães que estiveram antes de nós na nossa mesma estrada, na nossa mesma casa, na nossa batalha diária por uma vida digna. São homens e mulheres dos quais recebemos muito. O idoso não é um estranho. O idoso somos nós: cedo ou tarde, mas, inevitavelmente, mesmo que não pensemos nisso. E se nós não aprendermos a tratar bem os idosos, do mesmo modo seremos tratados.

Todos nós, velhos, somos um pouco frágeis. Alguns, porém, são particularmente fracos, muitos são sozinhos e afetados por doenças. Alguns dependem de cuidados indispensáveis e da atenção dos outros. Por isso daremos um passo para trás? Vamos abandoná-los ao seu destino?

Audiência, 4 de março de 2015.

Combater a exclusão

A exclusão dos pobres e a dificuldade para os indigentes receberem assistência e cuidados necessários é uma situação que infelizmente ainda ocorre. Foram feitos grandes progressos na medicina e na assistência social, mas difundiu-se também uma cultura do descarte, como consequência de uma crise antropológica que já não coloca o homem no centro, mas sim o consumo e os interesses econômicos.

Entre as vítimas dessa cultura do descarte gostaria de recordar em particular os idosos, que são a memória e a sabedoria dos povos.

Sua longevidade nem sempre é vista como uma dádiva de Deus, mas, por vezes, como um peso difícil de ser sustentado, sobretudo quando a saúde está muito comprometida. Essa mentalidade não faz bem à sociedade e é nossa missão desenvolver "anticorpos" contra esse modo de considerar os idosos, ou as pessoas com deficiências, como se fossem vidas não mais dignas de serem vividas.

De São José Benedito Cottolengo podemos aprender a concretização do amor evangélico, para que muitos pobres e doentes possam encontrar uma "casa", viver como que numa família, sentir-se pertencentes à comunidade e não excluídos e suportados.

Discurso, 21 de junho de 2015.

A carícia de um idoso

Mesmo nas provas mais difíceis, os idosos que têm fé são como árvores que continuam a dar frutos.

E isso vale também nas situações mais comuns em que, entretanto, pode haver outras tentações e outras formas de discriminação.

Mas nem sempre o idoso, o avô, a avó têm uma família para acolhê-lo. Nesse caso são bem-vindas as casas para idosos... Contanto que sejam verdadeiramente casas, e não prisões! E sejam para os idosos, e não para os interesses de alguém mais! Não devem ser institutos onde os idosos vivem esquecidos, como que escondidos, negligenciados. Sinto-me próximo aos muitos idosos que vivem nesses institutos, e penso, com gratidão, naqueles que vão visitá-los e tomam conta deles.

As casas para idosos deveriam ser "pulmões" de humanidade num país, num bairro, numa paróquia; deveriam ser "santuários" de humanidade onde quem é velho e fraco é cuidado e protegido como um irmão ou uma irmã mais velha.

Faz tão bem visitar um idoso! Vejam os nossos jovens: às vezes os vemos apáticos e tristes. Vão visitar um idoso e ficam felizes!

Contudo, também existe a realidade do abandono dos idosos: uma verdadeira e própria eutanásia escondida!

Nós, cristãos, junto com todos os homens de boa vontade, somos chamados a construir, com paciência, uma sociedade diferente, mais acolhedora, mais humana, mais inclusiva.

Como cristãos e cidadãos, somos chamados a imaginar, com fantasia e sabedoria, as estradas para enfrentar esse desafio. Um povo que não protege os avós e não os trata bem é um povo que não tem futuro! Por que não tem futuro? Porque perde a memória e arranca as próprias raízes. Uma das coisas mais belas da vida em família, da nossa vida humana de família, é acariciar uma criança e deixar-se acariciar por um avô e por uma avó.

Discurso aos idosos, 28 de setembro de 2014.

O valor da memória

Muitas vezes são os avós que asseguram a transmissão dos grandes valores a seus netos, e muitas pessoas podem constatar que justamente aos avós devem sua iniciação à vida cristã. Suas palavras, suas carícias ou apenas suas presenças ajudam as crianças a reconhecerem que a história não se inicia com eles, que eles são herdeiros de um longo caminho e que é necessário respeitar a realidade daquilo que nos precede. Aqueles que rompem os vínculos com a história terão dificuldade em tecer relações estáveis e de reconhecer que não são os donos da realidade. Portanto, a atenção aos idosos faz a diferença numa civilização. Numa civilização, dá-se atenção ao idoso? Há lugar para o idoso? Essa civilização progredirá se souber respeitar a sabedoria, o conhecimento dos idosos.

A falta de memória histórica é um grave defeito da nossa sociedade. É a mentalidade imatura do "já passou". Conhecer e poder tomar posição frente aos acontecimentos passados é a única possibilidade de construir um futuro que tenha sentido. Não se pode educar sem memória: "Lembrai-vos dos primeiros dias" (*Hb* 10, 32). Os relatos dos idosos fazem muito bem às crianças e aos jovens, pois que os ajudam a entrar em contato com a história vivida, seja da família, seja do bairro, seja do país.

Uma família que não respeita e não cuida de seus avós, que são a sua memória viva, é uma família desintegrada; ao contrário, uma família que recorda é uma família que tem futuro.

Portanto, numa civilização na qual não há lugar para os idosos ou na qual eles são descartados por criarem problemas, essa sociedade traz consigo o vírus da morte, já que arranca as próprias raízes.

O fenômeno contemporâneo de sentir-se órfão, em termos de descontinuidade, falta de raízes e fim das certezas que dão forma à vida, nos desafia a fazer de nossas famílias um lugar no qual as crianças possam enraizar-se no terreno de uma história coletiva.

Amoris laetitia, n. 192-193.

O ensinamento dos avós

A velhice é uma vocação. Ainda não é hora de "entregar os pontos". Esse período da vida é diferente dos anteriores, sem dúvida; devemos também um pouco "inventá-lo", porque nossa sociedade não está pronta, espiritual e moralmente, para dar a esse momento da vida seu pleno valor. Houve uma época em que, de fato, não era assim tão normal ter tempo à disposição; hoje essa possibilidade é maior. E também a espiritualidade cristã foi apanhada de surpresa, e trata-se de delinear uma espiritualidade das pessoas idosas. Mas, graças a Deus, não faltam os testemunhos das santas e dos santos idosos!

Podemos agradecer ao Senhor pelos benefícios recebidos e preencher o vazio da ingratidão que o circunda. Podemos interceder pelas expectativas das novas gerações e dar dignidade à memória e aos sacrifícios daquelas passadas. Podemos recordar aos jovens ambiciosos que uma vida sem amor é uma vida árida. Podemos dizer aos jovens temerosos que a angústia do futuro pode ser vencida. Podemos ensinar aos jovens demasiado enamorados de si mesmos que há mais alegria no dar do que no receber.

Os avôs e as avós formam o "coral" permanente de um grande santuário espiritual, em que a oração de súplica e o canto de louvor sustentam a comunidade que trabalha e luta no campo da vida.

Como é feio o cinismo de um idoso que perdeu o sentido de seu testemunho, despreza os jovens e não comunica uma sabedoria de vida! Ao contrário, como é belo o encorajamento que o idoso consegue transmitir ao jovem à procura do sentido da fé e da vida! É verdadeiramente a missão dos avós, a vocação dos idosos.

As palavras dos avós têm algo de especial para os jovens. E eles sabem disso. As palavras que minha avó me entregou, por escrito, no dia de minha ordenação sacerdotal, eu as trago ainda comigo, sempre, no breviário e as leio frequentemente, e me fazem bem.

Audiência, 11 de março de 2015.

7
Crianças

Onde está Deus nas minas e nas fábricas
onde crianças trabalham como escravos?
Via Crucis, 25 de março de 2016.

As feridas das crianças

O esvaziamento do amor conjugal difunde ressentimentos nas relações. E, frequentemente, a desagregação "desmorona" sobre os filhos.

Não obstante nossa sensibilidade aparentemente evoluída e todas as nossas refinadas análises psicológicas, pergunto-me se não estamos anestesiados também a respeito das feridas das crianças. Quanto mais se procura compensá-las com presentes e guloseimas, tanto mais se perde o sentido das feridas da alma.

Falamos muito dos distúrbios comportamentais, da saúde psíquica, do bem-estar da criança, da ansiedade dos genitores e dos filhos... Mas sabemos o que é uma ferida da alma? Sentimos o peso da montanha que esmaga a alma de uma criança nas famílias nas quais as pessoas se tratam mal e fazem mal uns aos outros, a ponto de romper a ligação da fidelidade conjugal? Que peso há nas nossas escolhas — escolhas erradas, por exemplo —, quanto peso há na alma das crianças? Quando os adultos perdem a cabeça, quando cada um pensa somente em si próprio, quando papai e mamãe se magoam, a alma das crianças sofre muito, experimenta o desespero. E são feridas que deixam marcas por toda a vida.

Na família tudo está ligado: quando sua alma é ferida em algum ponto, a infecção contagia todos. E quando um homem e uma mulher, que se comprometeram a ser "uma só carne" e a formar uma família, pensam obsessivamente nas próprias exigências de liberdade e gratificação, essa distorção afeta profundamente o coração e a vida dos filhos. Muitas vezes as crianças se escondem para chorar sozinhas...

Marido e mulher são uma só carne. Mas suas criaturas são carne da sua carne. Se pensamos na dureza com a qual Jesus repreende os adultos para não escandalizarem os pequenos, compreendemos melhor também a Sua palavra sobre a responsabilidade grave de proteger a relação conjugal que dá início à família humana. Quando o homem e a mulher se tornaram uma só carne, todas as feridas e todos os abandonos do papai e da mamãe incidem na carne viva dos filhos.

Audiência, 24 de junho de 2015.

A DÁDIVA DOS PEQUENOS

As crianças são uma grande dádiva para a humanidade, mas são também as grandes excluídas, porque sequer as deixam nascer.

Em primeiro lugar, as crianças nos fazem lembrar que todos, nos primeiros anos da vida, fomos totalmente dependentes dos cuidados e da benevolência dos outros.

Portanto, as crianças são em si mesmas uma riqueza para a humanidade e também para a Igreja, porque nos recordam, constantemente, da condição necessária para entrar no Reino de Deus: aquela de não nos considerarmos autossuficientes, mas necessitados de ajuda, amor, perdão. E todos somos necessitados de ajuda, amor e perdão!

As crianças nos recordam outra coisa bela: nos fazem lembrar que somos sempre filhos: mesmo se alguém se tornar adulto, ou idoso, mesmo se tornar-se genitor, se ocupar um posto de responsabilidade, abaixo de tudo isso permanece a identidade do filho. Todos somos filhos. E isso nos faz lembrar sempre do fato de que a vida não a demos a nós mesmos. Nós a recebemos.

As crianças têm seu modo de ver a realidade com um olhar confiante e puro. Elas têm confiança espontânea no papai e na mamãe;

têm confiança espontânea em Deus, em Jesus, na Nossa Senhora. Ao mesmo tempo, seu olhar interior é puro, não está ainda poluído pela malícia, pela duplicidade, pelas "incrustações" da vida, que endurecem o coração.

Além disso, as crianças — na sua simplicidade interior — trazem consigo a capacidade de receber e dar ternura.

As crianças têm capacidade de sorrir e chorar, duas coisas que em nós, grandes, frequentemente "ficam bloqueadas", não somos mais capazes... Tantas vezes nosso sorriso se torna um sorriso de fachada, uma coisa sem vida, um sorriso que não é vivaz, um sorriso artificial, de palhaço. As crianças sorriem espontaneamente e choram espontaneamente. Depende sempre do coração e, frequentemente, o nosso coração se fecha e perde essa capacidade de sorrir, de chorar. Então, as crianças podem nos ensinar de novo a sorrir e a chorar.

Audiência, 18 de março de 2015.

O sofrimento das crianças

Eu curaria as crianças. Ainda não consegui entender por que as crianças sofrem. Para mim é um mistério. Não sei dar uma explicação. Interrogo-me sobre isso. Faço a pergunta: por que as crianças sofrem?

É o meu coração que pergunta. Jesus chorou e, chorando, compreendeu nossos dramas. Procuro compreender. Se eu pudesse fazer um milagre, curaria todas as crianças.

A minha resposta à dor das crianças é o silêncio ou uma palavra que nasce das minhas lágrimas. Não tenho medo de chorar. Você também não deve ter.

O amor antes do mundo, *2016.*

Toda pessoa, independentemente da própria orientação sexual, deve ser respeitada na sua dignidade e acolhida com respeito, tomando-se o cuidado de evitar qualquer rótulo de discriminação injusta e, particularmente, qualquer forma de agressão e violência.

A responsabilidade dos adultos

Tantas crianças, desde o início, são rejeitadas, abandonadas, roubadas da sua infância e de seu futuro. Há quem ouse dizer, quase para se justificar, que foi um erro fazê-las vir ao mundo. Isso é vergonhoso! Não devemos descarregar sobre as crianças as nossas culpas, por favor!

As crianças nunca são um "erro". Sua fome não é um erro, como não o é sua pobreza, sua fragilidade, seu desamparo e não o é também sua ignorância ou sua incapacidade. Pelo contrário, esses são motivos para amá-los mais, com maior generosidade. O que vamos fazer com as solenes declarações dos direitos do homem e dos direitos da criança se, depois, punimos as crianças pelos erros dos adultos?

Aqueles que têm a tarefa de encaminhar, de educar, mas, eu diria, todos nós adultos, somos responsáveis pelas crianças, e cada um de nós deve fazer tudo o que puder para mudar essa situação.

Cada criança marginalizada, abandonada, que vive na rua mendigando e recorrendo a todo tipo de expediente, sem escola, sem cuidados médicos, é um grito que sobe a Deus e acusa o sistema que nós adultos construímos. E, infelizmente, essas crianças são presas dos delinquentes que as exploram para tráfico ou comércio indigno, ou que as adestram para a guerra e a violência.

Mas também nos chamados países ricos, muitas crianças vivem dramas que lhes deixam marcas graves, por causa da crise da família, das lacunas educativas e de condições de vida por vezes desumanas. Em todos os casos são infâncias violadas no corpo e na alma.

Com demasiada frequência recaem sobre as crianças os efeitos de vidas consumidas por um trabalho precário e mal pago, por horários insustentáveis, por transportes ineficientes...

Mas as crianças pagam também o preço de uniões imaturas e separações irresponsáveis: elas são as primeiras vítimas; sofrem os resultados da cultura dos direitos subjetivos exacerbados, da qual, mais tarde, tornam-se os filhos mais precoces. Frequentemente, absorvem a violência, da qual não têm condição de "se livrarem" e, sob os olhos dos adultos, são obrigadas a se habituarem à degradação.

Audiência, 8 de abril de 2015.

Nossas promessas

Quanto somos leais em relação às promessas que fazemos às crianças, fazendo-as vir ao nosso mundo? Nós as fazemos vir ao mundo e essa é uma promessa, o que lhes prometemos?

Acolhimento e cuidado, proximidade e atenção, confiança e esperança são promessas básicas que se podem resumir em apenas uma só: amor. Prometemos amor, isto é, o amor que se exprime no acolhimento, no cuidado, na proximidade, na atenção, na fé e na esperança, mas a grande promessa é o amor. Esse é o modo mais justo de acolher um ser humano que vem ao mundo, e todos nós aprendemos isso antes mesmo de sermos conscientes disso.

Quando passo entre vocês, agrada-me tanto quando vejo o papai e a mamãe que me trazem um menino, uma menina pequenos e pergunto:

— Qual é a sua idade?

— Três semanas, quatro semanas... Peço a bênção do Senhor.

Também isso se chama amor.

O amor é a promessa que o homem e a mulher fazem a cada filho desde que o concebem em pensamento. As crianças vêm ao mundo e esperam o cumprimento dessa promessa: esperam-no de modo total, confiante, indefeso. Basta olhá-las: em todas as etnias, em todas as culturas, em todas as condições de vida! Quando acontece o contrário, as crianças são feridas por um "ultraje", por um ultraje insuportável, tanto mais grave por elas não terem os meios para decifrá-lo.

Não conseguem entender o que acontece.

Deus vela sobre essa promessa desde o primeiro instante. Recordam o que diz Jesus? Os Anjos das crianças refletem o olhar de Deus, e Deus nunca perde de vista as crianças (cf. *Mt* 18,10).

Ai daqueles que traem a sua confiança, ai deles! O seu abandono confiante à nossa promessa, que nos compromete desde o primeiro instante, julga-nos.

Audiência, 14 de outubro de 2015.

8

Jovens

Peço-lhes que não se deixem excluir,
não se deixem desprezar,
não se deixem tratar como mercadoria.
Discurso, 16 de fevereiro de 2016.

O amor "concreto"

O verdadeiro amigo de Jesus se distingue essencialmente pelo amor concreto; não o amor "nas nuvens", não, o amor concreto que resplandece na sua vida. O amor é sempre concreto. Quem não é concreto e fala do amor faz uma telenovela, um romance televisivo.

Queridos jovens, na sua idade emerge em vocês, de modo novo, também o desejo de afeiçoar-se e de receber afeto. Se forem assíduos à escola do Senhor, Ele lhes ensinará a tornar ainda mais belos o afeto e a ternura. Colocará em seu coração uma boa intenção, aquela de querer bem sem possuir, de amar as pessoas sem querer possuí-las, mas deixando-as livres. Pois o amor é livre! Nenhum amor é verdadeiro se não for livre!

Há sempre a tentação de poluir o afeto com a pretensão instintiva de agarrar, de "possuir" aquilo de que se gosta; e isso é egoísmo. E também a cultura consumista reforça essa tendência. Mas, quando se aperta demais uma coisa, ela mirra, estraga-se: depois fica-se decepcionado com a sensação interior de vazio.

Se escutarem a voz do Senhor, Ele lhes revelará o segredo da ternura: cuidar da outra pessoa, que significa respeitá-la, protegê-la e esperar por ela. E essa é a dimensão concreta da ternura e do amor.

Porque o amor é a dádiva livre de quem tem o coração aberto; o amor é uma responsabilidade, mas uma responsabilidade bela, que dura toda a vida; é o compromisso diário de quem sabe realizar grandes sonhos!

Homilia, 24 de abril de 2016.

Sonhar

Um escritor latino-americano dizia que nós, homens, temos dois olhos, um de carne e um de vidro. Com o olho de carne, vemos aquilo que olhamos. Com o olho de vidro, vemos aquilo que sonhamos.

Na objetividade da vida deve entrar a capacidade de sonhar. E um jovem que não é capaz de sonhar está confinado em si mesmo, está fechado em si mesmo. Todos sonham coisas que jamais acontecerão... Mas sonhe com elas, deseje-as, procure horizontes, abra-se, abra-se a grandes coisas. Nós, argentinos, costumamos dizer: "*No te arrugues*", "Não crie rugas". Não envelheça. Não desista, abra-se. Abra-se e sonhe. Sonhe que o mundo com você pode ser diferente. Sonhe que, se você der o melhor de si, você ajudará a fazer com que este mundo seja diferente. Não esqueçam. Sonhem. Às vezes vocês se deixam levar e sonham demais, e a vida lhes corta o caminho. Não importa, sonhem. E contem seus sonhos.

Contem, falem sobre as grandes coisas que vocês desejam, porque quanto maior for a capacidade de sonhar — e a vida se encarrega de deixá-los pela metade —, mais caminho você terá percorrido. Por isso, acima de tudo, sonhem.

Discurso em Cuba, 20 de setembro de 2015.

Desejo de liberdade

Nesses anos de juventude vocês sentem grande desejo de liberdade. Muitos lhes dirão que ser livre significa fazer aquilo que se quer. Mas é preciso saber dizer não.

Se você não sabe dizer não, você não é livre. Livre é quem sabe dizer sim e sabe dizer não. Liberdade não é poder sempre fazer aquilo que se quer: isso nos torna fechados, distantes, impede-nos de ser amigos abertos e sinceros; não é verdade que, quando estou bem, tudo está bem. Não, não é verdade.

Ao contrário, a liberdade é a dádiva de poder escolher o bem: essa é a liberdade. É livre quem escolhe o bem, quem procura aquilo que agrada a Deus; mesmo que seja cansativo; não é fácil.

Mas acredito que vocês jovens não tenham medo das dificuldades, vocês são corajosos! Somente com escolhas corajosas e fortes realizam-se os maiores sonhos, aqueles pelos quais vale a pena passar a vida. Escolhas corajosas e fortes.

Não se contentem com a mediocridade, com deixar a vida passar ficando sentados e confortáveis; não confiem em quem os distrai da verdadeira riqueza, que são vocês, dizendo que a vida só é bela quando se possui muitas coisas; desconfiem de quem quer fazer-lhes crer que vocês têm valor quando se fazem de fortes, como os heróis dos filmes, ou quando usam roupas da última moda.

A sua felicidade não tem preço e não é comerciável; não é um *app* que se baixa no celular, nem mesmo a versão mais atualizada poderá ajudá-los a se tornarem livres e grandes no amor. A liberdade é outra coisa.

Homilia, 24 de abril de 2016.

O abandono é a "doença"
mais grave do idoso
e também a injustiça
maior que ele pode sofrer:
aqueles que nos ajudaram
a crescer não devem ser
abandonados quando
têm necessidade da nossa
ajuda, do nosso amor e da
nossa ternura.

De pé!

Na vida cai-se sempre, porque somos pecadores, somos fracos. Mas há a mão de Jesus que nos levanta, que nos ergue. Jesus nos quer de pé! Aquela palavra bela que Jesus disse ao paralítico: "Levanta-te!". Deus nos criou para ficarmos de pé! É preciso ter coragem para levantar-se, para deixar-se erguer pela mão de Jesus. E essa mão tantas vezes vem pela mão de um amigo, pelas mãos dos genitores, pela mão daqueles que nos acompanham na vida. Também O próprio Jesus está aí. Levantem-se, Deus os quer de pé, sempre de pé!

Sei que vocês são capazes de gestos de grande amizade e bondade. Vocês são chamados a construir assim o futuro: juntos com os outros e para os outros, nunca contra o outro! Não se constrói "contra": isso se chama destruição.

Vocês farão coisas maravilhosas caso se preparem bem, desde agora, vivendo plenamente essa sua idade tão rica de dons e sem ter medo da dificuldade. Façam como os campeões esportivos, que alcançam grandes metas treinando com humildade e duramente todos os dias.

Que os seus programas diários sejam as obras de misericórdia: treinem com entusiasmo nelas para se tornarem campeões de vida, campeões de amor! Assim vocês serão reconhecidos como discípulos de Jesus. Assim vocês terão a carteira de identidade dos cristãos. E asseguro-lhes: sua alegria será plena.

Homilia, 24 de abril de 2016.

Jovens "aposentados"

Se um país não inventa, se um povo não inventa a possibilidade de trabalho para seus jovens, a esses jovens restam somente ou a dependência ou o suicídio, ou vagar por aí à procura de exércitos de destruição para criar guerras.

Essa cultura do descarte está fazendo mal a todos nós, rouba-nos a esperança. Queremos esperança. Esperança que é sofrida, é laboriosa, é fecunda. Dá-nos trabalho e salva-nos da cultura do descarte. E essa esperança convoca, convoca todos, porque um povo que sabe convocar a si mesmo para olhar o futuro e construir a amizade social — mesmo que existam modos diferentes de pensar —, esse povo tem esperança.

E se encontro um jovem sem esperança, esse jovem é um "aposentado". Há jovens que parecem se aposentar aos 22 anos. São jovens com uma tristeza existencial. São jovens que pautaram sua vida sobre as bases do derrotismo. São jovens que se lamentam. São jovens que fogem da vida.

O caminho da esperança não é fácil e não pode ser percorrido sozinho. Há um provérbio africano que diz: "Se você quer ir rápido, vá sozinho. Se quiser ir longe, vá acompanhado".

Discurso em Cuba, 20 de setembro de 2015.

As ameaças à esperança

A esperança nasce quando se pode vivenciar que nem tudo está perdido.

A principal ameaça à esperança são os argumentos que desvalorizam você, como se sugassem seu valor, e você termina como que jogado ao chão, acabrunhado, com tristeza no coração... Argumentos que o fazem sentir-se de segunda classe, se não de quarta.

A principal ameaça à esperança ocorre quando você sente que ninguém se importa com você ou que você foi deixado à margem. Essa é a grande dificuldade para a esperança: quando numa família, ou numa sociedade, ou numa escola, ou num grupo de amigos não fazem você sentir que eles se importam com você. E isso é duro, é doloroso. Isso mata, isso nos aniquila e isso abre a porta a muito sofrimento.

Mas há também uma outra grande ameaça à esperança, que é fazer você acreditar que começa a ter valor quando usa roupas de marca, segundo o último grito da moda, ou quando tem prestígio, ou que é importante porque tem dinheiro. Mas no fundo do seu coração você não acredita ser digno de afeto, digno de amor, e isso o coração intui.

Entendo que, muitas vezes, seja difícil sentir-se a riqueza de um país quando nos encontramos continuamente expostos à perda de amigos e de familiares nas mãos do narcotráfico, das drogas, de organizações criminosas que semeiam o terror.

É difícil sentir-se a riqueza de uma nação quando não se tem oportunidade para exercer um trabalho digno. É difícil sentir-se a riqueza de um lugar quando jovens são usados para fins mesquinhos, sendo seduzidos com promessas que, ao fim, não são reais, são bolhas de sabão.

Não é verdade que o único modo de viver, de ser jovem, é deixar a vida nas mãos do narcotráfico ou de todos aqueles que só o que fazem é semear a destruição e a morte.

É também graças a Jesus que podemos dizer que não é verdade que o único modo de viver para os jovens, aqui, é a pobreza e a marginalização; marginalização de oportunidades, marginalização de espaços, marginalização da formação e da educação, marginalização da esperança.

Discurso para os jovens no México, 16 de fevereiro de 2016.

Contra as dependências

Acredito existirem três caminhos para os jovens, para os adolescentes, para as crianças. O caminho da educação, o caminho do esporte e o caminho do trabalho. Se esses três caminhos existem, asseguro-lhes que não haverá dependências: nem de drogas, nem de álcool. Por quê? Porque a escola faz você progredir, o esporte faz você progredir e o trabalho faz você progredir.

É importante, queridos jovens, que o esporte permaneça um jogo. Só se permanecer um jogo fará bem ao espírito. E precisamente porque vocês são esportivos convido-os não apenas a jogar, como já fazem, mas há algo mais: colocar-se em jogo na vida como no esporte.

Colocar-se em jogo na busca do bem, na Igreja e na sociedade, sem medo, com coragem e entusiasmo. Colocar-se em jogo com os outros e com Deus; não contentar-se com um "empate" medíocre, dar o melhor de si mesmos, usando a vida para o que vale de verdade e dura para sempre. Não se contentar com as vidas amenas, vidas "mediocremente empatadas": não, não! Sigam em frente procurando sempre a vitória!

Nas sociedades esportivas aprende-se a acolher. Acolhe-se cada atleta que quer fazer parte delas e acolhe-se uns aos outros com simplicidade e simpatia.

Que todos joguem, não apenas os melhores, mas todos, com as qualidades e os limites de cada um, aliás, privilegiando os mais desfavorecidos, como Jesus fazia.

E eu encorajo vocês a levarem adiante o seu compromisso por meio do esporte com os jovens da periferia das cidades: juntos, com bolas esportivas, vocês também podem dar testemunho de esperança e confiança. Recordem, sempre, os três caminhos: a escola, o esporte e os lugares de trabalho. Procurem sempre por isso. Eu lhes asseguro que nesses caminhos não haverá lugar para a dependência à droga, ao álcool e a tantos outros vícios.

Discurso, 7 de junho de 2014.

A capacidade de escolher

A vida é cheia de dificuldades, mas há dois modos de olhar para as dificuldades: ou você as olha como algo que o bloqueia, que destrói você, que o paralisa, ou você as olha como uma oportunidade real. Cabe a vocês escolher.

Para mim, uma dificuldade é um caminho de destruição, ou uma oportunidade para superar a minha situação, a da minha família, da minha comunidade, do meu país?

Jovens, não vivemos no céu, vivemos na Terra. E a Terra está repleta de dificuldades. A Terra está repleta não apenas de dificuldades, mas também de convites para nos desviarmos para o mal.

Porém, há algo que todos vocês jovens têm, que dura por um certo tempo, um tempo mais ou menos longo: a capacidade de escolher qual caminho quero escolher, qual dessas duas coisas escolher: deixar-se derrotar pelas dificuldades ou transformar a dificuldade numa oportunidade para vencer?

Discurso, 27 de novembro de 2015.

Contra o recrutamento

O que podemos fazer para deter o recrutamento dos que nos são caros? O que podemos fazer para que eles retornem? Para responder a isso devemos saber por que um jovem, cheio de esperanças, se deixa recrutar ou procura ser recrutado: afasta-se de sua família, de seus amigos, do seu grupo, da sua pátria; afasta-se da vida, por que aprende a matar...

E essa é uma pergunta que vocês devem encaminhar a todas as autoridades. Se um jovem, se um rapaz ou uma moça, se um homem ou uma mulher não têm trabalho, não podem estudar, o que podem fazer? Pode tornar-se delinquente, ou cair numa forma de dependência, ou suicidar-se... ou alistar-se numa atividade que lhe dê um objetivo na vida, enganando-o...

A primeira coisa que devemos fazer para evitar que um jovem seja recrutado ou que procure ser recrutado é propiciar-lhe instrução e trabalho.

Se um jovem não tem trabalho, que futuro o espera? Daí vem a ideia de deixar-se recrutar. Se um jovem não tem possibilidade de receber uma educação, mesmo uma instrução simples, aprender a realizar pequenas tarefas, o que pode fazer? Está aí o perigo.

É um perigo social, que vai além de nós, também além do país, porque depende de um sistema internacional injusto, que tem no centro da economia não a pessoa, mas o deus dinheiro. O que posso fazer para ajudá-lo ou para fazê-lo retornar? Antes de tudo, rezar. Mas com força! Deus é mais forte do que qualquer campanha de recrutamento. E depois? Falar-lhe com afeto, com ternura, com amor e com paciência. Convidá-lo a assistir a uma partida de futebol, convidá-lo para um passeio, convidá-lo para fazer parte do grupo. Não deixá-lo sozinho.

Discurso, 27 de novembro de 2015.

O flagelo da droga

O flagelo das drogas continua a causar estragos em formas e dimensões impressionantes, alimentado por um mercado torpe, que atravessa as fronteiras nacionais e continentais. Desse modo, continua a crescer o perigo para os jovens e os adolescentes.

A droga não se vence com a droga! A droga é um mal e com o mal não pode haver relaxamento ou compromissos. Pensar em reduzir o dano, permitindo o uso de psicofármacos às pessoas que continuam a usar drogas, não resolve, de fato, o problema.

A legalização das chamadas "drogas leves", mesmo de modo parcial, além de ser, pelo menos, discutível no plano legislativo, não produz os efeitos propostos. As drogas substitutivas, então, não são uma terapia suficiente, mas um modo velado de capitular o fenômeno. Pretendo reiterar o que já disse em outra ocasião: não a todos os tipos de droga. Simplesmente.

Mas, para dizer esse não, é necessário dizer sim à vida, sim ao amor, sim aos outros, sim à educação, sim ao esporte, sim ao trabalho, sim a mais oportunidades de trabalho.

Pensemos num jovem que não estuda nem trabalha. Não tem horizontes, não tem esperança, e a primeira oferta que lhe aparece são as dependências, entre as quais a droga.

As oportunidades de trabalho, a educação, o esporte, a vida saudável: esse é o caminho para a prevenção da droga. Se forem realizados esses quesitos, não haverá lugar para a droga, não haverá lugar para o abuso de álcool e para as outras dependências.

Discurso, 20 de junho de 2014.

PARTE III

JULGAR O PECADO, E NÃO O PECADOR

Podemos e devemos julgar situações de pecado — violência, corrupção, exploração etc. —, mas não podemos julgar as pessoas. É nossa missão admoestar quem erra, denunciando a maldade e a injustiça de certos comportamentos, com o objetivo de libertar as vítimas e levantar quem caiu.

Mensagem por ocasião da 50º Jornada Mundial das Comunicações Sociais, 24 de janeiro de 2016.

1

Fundamentalismo

A violência nasce sempre de uma mistificação da religião.
Discurso, 12 de janeiro de 2015.

Deus como pretexto

Infelizmente o Oriente Médio é atravessado por conflitos que se prolongam já há tempo demasiado e cujas implicações são assustadoras também pelo alastramento do terrorismo de matriz fundamentalista na Síria e no Iraque. Esse fenômeno é consequência da cultura de descarte aplicada a Deus.

O fundamentalismo religioso, na verdade, antes mesmo de descartar os seres humanos, perpetrando massacres horrendos, rejeita o próprio Deus, relegando-O a um mero pretexto ideológico. Perante essa agressão injusta, que atinge também os cristãos e outros grupos étnicos e religiosos da região, é necessária uma resposta unânime que, no quadro do direito internacional, detenha o alastramento das violências, restabeleça a concórdia e cure as feridas profundas provocadas pelos sucessivos conflitos.

Por isso faço apelo à comunidade internacional inteira, bem como aos vários governos interessados para que assumam iniciativas concretas em prol da paz e em defesa de todos que sofrem as consequências da guerra e da perseguição, sendo forçados a deixar suas casas e a própria pátria.

Por meio de uma carta enviada pouco antes do Natal, quis, pessoalmente, manifestar minha solidariedade e assegurar minha oração a todas as comunidades cristãs do Oriente Médio, que prestam um testemunho precioso de fé e de coragem, desempenhando um papel fundamental como artífices de paz, reconciliação e desenvolvimento nas respectivas sociedades civis a que pertencem.

Um Oriente Médio sem cristãos seria um Oriente Médio desfigurado e mutilado! Ao solicitar à comunidade internacional para não ficar indiferente diante dessa situação, espero que os líderes religiosos, políticos e intelectuais, especialmente muçulmanos, condenem qualquer interpretação fundamentalista e extremista da religião voltada para justificar tais atos de violência.

Discurso, 12 de janeiro de 2015.

Islamofobia e cristianofobia

Em relação à Islamofobia: é verdade que, diante dos atos terroristas, não apenas nesta zona, mas também na África, há uma reação e diz-se:

— Se isso é o Islã, fico encolerizado!

E muitos islâmicos estão ofendidos, muitos, muitos islâmicos. E dizem:

— Não, nós não somos isso. O Corão é um livro de paz, é um livro profético de paz. Isso não é Islã.

Compreendo isso e acredito — ao menos creio, sinceramente — que não se possa dizer que todos os islâmicos sejam terroristas: não se pode dizer. Como não se pode dizer que todos os cristãos sejam fundamentalistas, pois também os temos entre nós. Em todas as religiões há esses pequenos grupos.

Eu disse ao presidente Erdogan:

— Seria bom se todos os líderes islâmicos — sejam líderes políticos, líderes religiosos ou líderes acadêmicos — falassem claramente e condenassem aqueles atos, porque isso ajudaria a maioria do povo islâmico a dizer "não". Mas essa condenação deveria, verdadeiramente, sair da boca de seus líderes: do líder religioso, do líder acadêmico, de muitos intelectuais e dos líderes políticos. Essa foi a minha resposta. Porque todos nós necessitamos de uma condenação mundial, inclusive da parte dos islâmicos que têm essa identidade e que digam: "Nós não somos aquelas pessoas. O Corão não é isso". Essa é a primeira coisa.

Cristianofobia: é verdade! Não quero usar uma palavra suave, não. Nós, cristãos, estamos sendo expulsos do Oriente Médio.

Voltando à Islamofobia, devemos sempre distinguir entre a proposta de uma religião e o uso concreto que daquela proposta um determinado governo faz. Talvez o governante diga: "Eu sou islâmico — eu sou judeu — eu sou cristão". Mas você governa o seu país não como islâmico, não como judeu, não como cristão. Há um abismo. É necessário fazer essa distinção, porque muitas vezes usa-se o nome da religião, mas a realidade não é aquela da religião.

Conferência jornalística durante o voo de retorno da Turquia,
30 de novembro de 2014.

Respeito ao outro

Para sustentar o diálogo com o Islã é indispensável a formação adequada dos interlocutores, não apenas para que estejam solidamente e com júbilo radicados em sua identidade, mas para que sejam capazes de reconhecer os valores dos outros, de compreender as preocupações subjacentes às exigências deles e de fazer emergir as convicções comuns. Nós cristãos deveríamos acolher com afeto e respeito os imigrados do Islã que chegam aos nossos países, do mesmo modo como esperamos e rezamos para sermos acolhidos e respeitados nos países de tradição islâmica.

Rezo, imploro humildemente a tais países que assegurem liberdade aos cristãos, para que possam celebrar seu culto e viver sua fé, levando em conta a liberdade que os crentes do Islã usufruem nos países ocidentais!

Diante de episódios de fundamentalismo violento que nos preocupam, o afeto pelos crentes autênticos do Islã deve levar-nos a evitar generalizações odiosas, para que o verdadeiro Islã e uma interpretação adequada do Corão se oponham a toda forma de violência.

Evangelii gaudium, n. 253.

As consequências da provocação

Em teoria, podemos dizer que uma reação violenta diante de uma ofensa, de uma provocação, em teoria, sim, não é algo bom, não se deve fazer. Em teoria, podemos dizer aquilo que o Evangelho diz, que devemos dar a outra face. Em teoria podemos dizer que temos liberdade de expressão e ela é importante. Na teoria estamos todos de acordo.

Mas somos humanos e há a prudência, que é uma virtude da convivência humana. Não posso insultar, provocar uma pessoa continuamente, porque arrisco enraivecê-la, arrisco receber uma reação errada, errada. Mas isso é humano. Por isso digo que a liberdade de expressão deve levar em conta a realidade humana e por essa razão deve ser prudente. É um modo de dizer que deve ser também educada. Prudente. A prudência é a virtude humana que regula nossas relações. Posso andar até aqui, não posso ir para lá...

Eu queria dizer que, em teoria, estamos todos de acordo: há liberdade de expressão, uma reação violenta não é boa, sempre é ruim. Todos estão de acordo. Mas, na prática, tenhamos calma, porque somos humanos e arriscamos provocar os outros, e por isso a liberdade deve ser acompanhada da prudência.

Conferência jornalística durante o voo de retorno das Filipinas, 19 de janeiro de 2015.

O fundamentalismo religioso, na verdade, antes mesmo de descartar os seres humanos, perpetrando massacres horrendos, rejeita o próprio Deus, relegando-O a um mero pretexto ideológico.

Liberdade de expressão

Em primeiro lugar, não se pode esconder uma verdade: cada um tem o direito de praticar a própria religião livremente. Assim é, todos queremos desse modo. Segundo, não se pode ofender, fazer a guerra, matar em nome da própria religião, isto é, em nome de Deus. O que acontece atualmente nos deixa assombrados. Porém, pensemos sempre na nossa história: quantas guerras de religião tivemos! Também nós fomos pecadores nesse sentido. Contudo, não se pode matar em nome de Deus.

Matar em nome de Deus é uma aberração. Creio que isso seja a coisa mais importante sobre a liberdade religiosa: deve-se praticar a religião com liberdade, sem ofender, sem impor e sem matar.

Não se pode provocar, não se pode insultar a fé dos outros, não se pode brincar com a fé. O Papa Bento, num discurso, havia falado dessa mentalidade pós-positivista, da metafísica pós-positivista, que levava, ao fim, a crer que as religiões ou as expressões religiosas são uma espécie de subcultura, que são toleradas, mas têm pouco significado, não fazem parte da cultura iluminada. Essa é uma herança do Iluminismo.

Muita gente fala mal das religiões, ridiculariza a religião dos outros. Essas pessoas provocam. Há um limite.

Toda religião tem dignidade, toda religião que respeite a vida humana, a pessoa humana, tem dignidade e não posso ridicularizá-la. Esse é um limite.

Conferência jornalística durante o voo para Manila, 15 de janeiro de 2015.

2

Pedofilia

A pedofilia é uma lepra.
Entrevista, 13 de julho de 2014.

Uma monstruosidade

Um bispo que muda a paróquia de um sacerdote quando se verifica um caso de pedofilia é um irresponsável, e a coisa melhor que pode fazer é apresentar sua demissão.

Um setor que está trabalhando muito bem é a Comissão para a Tutela dos Menores. Não é estritamente reservada aos casos de pedofilia, mas se ocupa da tutela dos menores. Na sede dessa comissão, encontrei-me, por uma manhã inteira, com seis deles — dois alemães, dois irlandeses e dois ingleses —, homens e mulheres, abusados, vítimas. E também me encontrei com vítimas na Filadélfia. Também ali, uma manhã, tive um encontro com as vítimas.

Em suma, está-se trabalhando. Mas agradeço a Deus que esses fatos tenham sido revelados, e é preciso continuar a revelá-los e tomar consciência deles.

E, por fim, quero dizer que é uma monstruosidade. Porque um sacerdote é consagrado para levar uma criança até Deus, e em vez disso ela é submetida por ele a um sacrifício diabólico, ele a destrói.

Conferência jornalística durante o voo de retorno do México,
17 de fevereiro de 2016.

Exploração

A exploração das crianças me faz sofrer. Também na Argentina é a mesma coisa. Para alguns trabalhos manuais, crianças são usadas porque têm mãos pequenas. Mas as crianças também são exploradas sexualmente, em hotéis.

Uma vez avisaram-me que, numa rua de Buenos Aires, havia meninas prostitutas de 12 anos. Informei-me e efetivamente isso ocorria. Doeu-me mais ainda ver que paravam grandes carros guiados por idosos. Podiam ser avós delas. Faziam a menina subir e pagavam-lhe quinze pesos, que depois serviam para comprar restos de droga. Para mim são pedófilas essas pessoas que fazem isso com as meninas. Isso ocorre também em Roma. A Cidade Eterna, que deveria ser um farol no mundo, é espelho da degradação moral da sociedade.

Penso tratar-se de problemas que se resolvam com uma boa política social.

Entrevista a Il Messaggero, *29 de junho de 2014.*

O ataque à Igreja

Os casos de abuso são tremendos, porque deixam feridas muito profundas. Bento XVI foi muito corajoso e abriu um caminho. A Igreja, nesse caminho, fez muito. Talvez mais do que todos. As estatísticas sobre o fenômeno da violência contra crianças são impressionantes, mas mostram também com clareza que a maioria dos abusos ocorre em ambiente familiar e de vizinhança.

A Igreja Católica é talvez a única instituição pública que se movimentou com transparência e responsabilidade. Ninguém fez mais do que a Igreja.

No entanto, a Igreja é a única atacada.

Entrevista ao Corriere della Sera, *5 de março de 2014.*

NAS FAMÍLIAS

A corrupção de uma criança é tanto mais terrível e imunda do que se possa imaginar, especialmente se grande parte desses fatos abomináveis ocorre no interior da família ou, de qualquer forma, numa comunidade de antigas amizades.

A família deveria ser o santuário em que a criança, os jovens e os adolescentes são educados para o bem, amorosamente, em que são incentivados no sentido de um crescimento voltado para a construção da própria personalidade e para o convívio com colegas da mesma idade — para brincarem juntos, estudarem juntos, conhecerem o mundo e a vida juntos.

Mas a relação dos filhos com os pais que os puseram no mundo ou com os parentes que os viram entrar no mundo é como o cultivo de uma flor, de um canteiro de flores que devem ser protegidas contra o mau tempo e desinfestadas de parasitas. Uma relação em que os pais contam as fábulas da vida e, com o passar do tempo, contam sobre a sua realidade.

Essa é, ou deveria ser, a educação a ser completada pela escola e que é colocada pela religião no plano mais alto do pensamento e da crença no sentimento divino que penetra nossa alma. Frequentemente, transforma-se em fé, mas de qualquer modo deixa uma semente que fecunda a alma e a direciona para o bem.

A educação, como nós a entendemos, parece ter quase desaparecido das famílias. Cada um está ocupado com as próprias incumbências pessoais, frequentemente para assegurar à família um modo de vida suportável, por vezes para perseguir o próprio sucesso pessoal, outras vezes para cultivar amizades e amores alternativos. A educação como tarefa principal de criar os filhos parece ter desaparecido das casas.

Esse fenômeno é uma omissão gravíssima, mas ainda não chegamos ao mal absoluto. Não só a educação está ausente, mas há também a corrupção, o vício, as práticas torpes impostas à criança e depois praticadas e atualizadas mais gravemente à medida que ela cresce e torna-se púbere e depois adolescente.

Essa situação é frequente nas famílias e é praticada por parentes, avós, tios, amigos. Frequentemente, os outros membros da família estão cientes do que se passa, mas não intervêm, enredados em interesses ou noutras formas de corrupção.

Entrevista, 13 de julho de 2014.

Tolerância zero

Na Argentina, a propósito dos privilegiados, dizemos: "Esse é um filhinho de papai". No caso das acusações de pedofilia dirigidas a bispos, não haverá filhinhos de papai. Neste momento, há três bispos sob investigação, um já foi condenado e a pena a ser aplicada a ele está sendo avaliada. Não há privilégios.

Esse abuso de menores é um crime muito mau, muito... Sabemos que é um problema grave em toda parte, mas a mim interessa a Igreja. Um sacerdote que faz isso trai o Corpo do Senhor, porque esse sacerdote deve conduzir aquele menino, aquela menina, aquele rapaz, aquela moça à santidade; e esse rapaz, essa menina confia, e aquele, em vez de levá-los à santidade, abusa deles. E isso é gravíssimo. É o mesmo que... Vou fazer somente uma comparação: é como fazer uma missa negra, por exemplo. Você deve levá-los à santidade e você os leva a um problema que durará toda a vida...

Em breve haverá uma missa com algumas pessoas que sofreram abusos, em Santa Marta, e depois uma reunião com eles. Mas em relação a isso é preciso seguir em frente: tolerância zero.

Conferência jornalística durante o voo de retorno da Terra Santa, 26 de maio de 2014.

Às vítimas de abusos

As palavras não conseguem exprimir plenamente a minha dor pelo abuso que vocês sofreram. Vocês são filhos preciosos de Deus e deveriam esperar sempre a nossa proteção, o nosso cuidado e o nosso amor. Lamento profundamente o fato de que a sua inocência tenha sido violada por aqueles em quem vocês confiavam.

Em alguns casos, a confiança foi traída por membros de sua própria família, em outros casos por sacerdotes que têm a sagrada responsabilidade pela cura das almas. Em cada caso, a traição foi uma terrível violação da dignidade humana.

Para aqueles que sofreram o abuso da parte de um membro do clero, lamento profundamente por todas as vezes que vocês ou suas famílias denunciaram os abusos e não foram escutados ou acreditados.

Peço a vocês para acreditar em que o Santo Padre os escuta e acredita em vocês. Sinto profundamente que alguns bispos tenham falhado em sua responsabilidade de proteger as crianças. É muito preocupante saber que, em alguns casos, tenham sido os próprios bispos a cometer os abusos. Prometo-lhes que seguiremos o caminho da verdade onde quer que ela nos leve. Clero e bispos serão chamados a prestar contas se abusaram das crianças ou se não foram capazes de protegê-las.

No interior de nossa família de fé e em nossa família humana, o pecado e o crime de abuso sexual contra crianças não devem mais ser um segredo e uma vergonha.

A presença de vocês — generosa, não obstante a raiva e o sofrimento que vocês vivenciaram — revela-nos o coração misericordioso de Cristo. As suas histórias de vítimas, cada uma única e envolvente, são um sinal poderoso da esperança que vem da promessa do Senhor de que estará conosco, sempre.

Agrada-me saber que vocês trouxeram, hoje, membros da família e amigos a este encontro. Sou-lhes agradecido por seu apoio afetuoso e rezo para que muitas pessoas na Igreja saibam responder à necessidade de acompanhar aqueles que sofreram abusos.

Discurso às vítimas de abusos sexuais, 27 de setembro de 2015.

Não se pode provocar, não se pode insultar a fé dos outros, não se pode brincar com a fé.

3
Relativismo

Também o ambiente social tem suas feridas.
Mas todas são causadas, no fundo, pelo mesmo mal,
isto é, pela ideia de que não existem verdades indiscutíveis
que guiam a nossa vida e que, por isso,
a liberdade humana não tem limites.
Laudato si'

A verdade subjetiva

Uma cultura na qual cada um quer ser portador de uma verdade subjetiva própria faz com que se torne difícil que os cidadãos queiram participar de um projeto comum que vá além dos interesses e desejos pessoais.

O processo de secularização tende a reduzir a fé e a Igreja ao âmbito privado e íntimo. Além disso, com a negação de toda transcendência, produziu uma crescente deformação ética, um enfraquecimento do sentido do pecado pessoal e social e um progressivo aumento do relativismo, que dão lugar a uma desorientação generalizada, especialmente na fase da adolescência e da juventude, tão vulneráveis às mudanças.

Enquanto a Igreja insiste sobre a existência de normas morais objetivas, válidas para todos, há os que apresentam esse ensinamento como injusto, ou seja, oposto aos direitos humanos basilares. Tais argumentações resultam geralmente de uma forma de relativismo moral, que se une, não sem inconsistência, a uma confiança nos direitos absolutos dos indivíduos.

Desse ponto de vista, a Igreja é percebida como se promovesse um preconceito particular e como se interferisse na liberdade individual.

Vivemos numa sociedade de informações que nos satura indiscriminadamente com dados, todos no mesmo nível, e que termina por nos levar a uma tremenda superficialidade no momento de introduzir questões morais.

Em consequência, torna-se necessária uma educação que ensine a pensar criticamente e ofereça um percurso de amadurecimento nos valores.

Evangelii gaudium, n. 62, 64.

O ERRO DO RELATIVISMO

O trabalho de apropriar-se de nossa identidade e exprimi-la nem sempre se revela fácil, porque, do momento em que somos pecadores, seremos sempre tentados pelo espírito do mundo, que se manifesta de modos diversos.

Um deles é o deslumbramento enganoso do relativismo, que obscurece o esplendor da verdade e, abalando a terra debaixo de nossos pés, impele-nos em direção às areias movediças, as areias movediças da confusão e do desespero. É uma tentação que, no mundo atual, atinge também as comunidades cristãs.

Não falo aqui do relativismo entendido somente como um sistema de pensamento, mas daquele relativismo prático diário que, de maneira quase imperceptível, enfraquece qualquer identidade.

Um segundo modo por meio do qual o mundo ameaça a solidez da nossa identidade cristã é a superficialidade: a tendência a entreter-se com as coisas da moda, as engenhocas e as distrações em vez de dedicar-se às coisas que contam realmente.

Numa cultura que exalta o efêmero e oferece numerosos lugares de evasão e de fuga, isso representa um sério problema pastoral. Para os ministros da Igreja, essa superficialidade pode também se manifestar em deixar-se fascinar pelos programas pastorais e pelas teorias, em detrimento do encontro direto e frutífero com os nossos fiéis e também com os não fiéis, especialmente os jovens que têm, ao invés, necessidade de uma catequese sólida e de uma orientação espiritual segura.

Sem um enraizamento em Cristo, as verdades pelas quais vivemos terminam por apresentar fissuras, a prática das virtudes torna-se formalista e o diálogo acaba reduzido a uma forma de negociação, ou ao acordo no desacordo. Acordo no desacordo... porque as águas não se movem... Essa superficialidade nos faz muito mal.

Discurso, 17 de agosto de 2014.

Identidade e diálogo

Gostaria de fazer menção a algo que é sempre um fantasma: o relativismo, "tudo é relativo". A esse respeito, devemos ter presente um princípio claro: não se pode dialogar se não partimos da própria identidade. Sem identidade não pode existir diálogo. Seria um diálogo fantasma, um diálogo sobre o ar: não serve para nada.

Cada um de nós tem a própria identidade religiosa, é fiel a ela. Mas o Senhor sabe como fazer avançar a história.

Partamos, cada um, da própria identidade, sem fingir que temos outra, porque não adianta, e não ajuda, e é relativismo. Aquilo que temos em comum é a estrada da vida, é a boa vontade de partir da própria identidade para fazer o bem aos irmãos e às irmãs. Façam o bem! E assim, como irmãos, caminhemos juntos. Cada um de nós oferece o testemunho da própria identidade ao outro e dialoga com o outro. Depois o diálogo pode avançar para questões teológicas, mas o que é mais importante e belo é caminhar junto sem trair a própria identidade, sem mascará-la, sem hipocrisia. Faz-me bem pensar isso.

Discurso, 21 de setembro de 2014.

Fé e subjetivismo

A crise dos valores na sociedade certamente não é um fenômeno recente. O Beato Paulo VI, quarenta anos atrás, dirigindo-se precisamente à Rota Romana, já estigmatizava as doenças do homem moderno "por vezes tornado vulnerável por um relativismo sistemático que o obriga às escolhas mais fáceis da situação, da demagogia, da moda, da paixão, do hedonismo, do egoísmo, de modo que, exteriormente, procura impugnar a 'majestade da lei' e, interiormente, quase sem se aperceber, substitui o império da consciência moral pelo capricho da consciência psicológica".

Com efeito, o abandono de uma perspectiva de fé desemboca, inexoravelmente, num falso conhecimento do matrimônio, que não permanece desprovido de consequências no amadurecimento da vontade nupcial.

A experiência pastoral ensina-nos que há, atualmente, um grande número de fiéis em situações irregulares sobre cuja história a difundida mentalidade mundana teve uma forte influência.

Com efeito, existe uma espécie de mundanidade espiritual que se esconde por trás de aparências de religiosidade e até mesmo de amor à Igreja e que leva a perseguir, em vez da glória do Senhor, o bem-estar pessoal.

Um dos frutos dessa atitude é uma fé trancada no subjetivismo, onde apenas interessa uma determinada experiência ou uma série de raciocínios e conhecimentos que supostamente confortam e iluminam, mas pelos quais o sujeito, em definitivo, fica enclausurado na imanência da própria razão ou de seus sentimentos.

É evidente que, para quem se submete a essa atitude, a fé permanece privada de seu valor orientador e normativo, deixando campo aberto aos compromissos com o próprio egoísmo e com as pressões da mentalidade corrente, que se tornou dominante por intermédio dos meios de comunicação de massa.

Discurso, 23 de janeiro de 2015.

O espírito do mundo

Jesus nos convida a pensar não somente com a cabeça, mas também com o coração e o espírito, com a inteireza do nosso ser. Esse é, precisamente, o "pensar como cristão" para poder compreender os sinais dos tempos.

E aqueles que não compreendem são definidos por Cristo como "néscios e tardos de coração". Porque aquele que não compreende as coisas de Deus é uma pessoa assim, néscia e de compreensão lenta, enquanto o Senhor quer que nós compreendamos o que sucede no nosso coração, na nossa vida, no mundo, na história; e compreendamos o que significa aquilo que agora acontece. De fato, é nas respostas a essas perguntas que podemos identificar os sinais dos tempos.

Entretanto, nem sempre as coisas se passam assim. Há um inimigo à espreita. É o espírito do mundo, que nos faz outras propostas. Porque ele não quer que sejamos um povo, ele quer que sejamos uma massa. Sem pensamento e sem liberdade.

O espírito do mundo, em substância, impele-nos ao longo de uma estrada de uniformidade, mas sem aquele espírito que faz o corpo de um povo, tratando-nos como se não tivéssemos capacidade de pensar, como pessoas que não são livres.

Há uma maneira determinada de pensar que deve ser imposta, faz-se a publicidade desse pensamento e deve-se pensar dessa maneira.

É o pensamento uniforme, o pensamento igual, o pensamento fraco; um pensamento, infelizmente, bastante difuso.

Na prática, o espírito do mundo não quer que nós perguntemos diante de Deus: mas por que isso acontece? E para nos distrair das questões essenciais ele nos propõe um pensamento *prêt-à-porter*, segundo nossos gostos: eu penso como me agrada.

Esse modo de pensar é adequado ao espírito do mundo; ao passo que aquilo que ele não quer é o que nos pede Jesus: o pensamento livre, o pensamento de um homem e de uma mulher que fazem parte do povo de Deus.

Meditação matutina na capela da Domus Sanctae Marthae,
29 de novembro de 2013.

A lógica do "usa e joga fora"

Quando o ser humano se coloca no centro, acaba por dar prioridade absoluta aos seus interesses contingentes e tudo o mais se torna relativo. Por isso não deveria causar surpresa o fato de que se desenvolva, nos indivíduos, esse relativismo no qual tudo o que não serve aos próprios interesses imediatos se torna irrelevante.

A cultura do relativismo é a mesma patologia que impele uma pessoa a aproveitar-se de outra e a tratá-la como mero objeto, obrigando-a a trabalhos forçados ou reduzindo-a à escravidão por causa de uma dívida. É a mesma lógica que leva à exploração sexual das crianças ou ao abandono dos idosos que não servem aos próprios interesses. É também a lógica interna daqueles que dizem: "Deixemos que as forças invisíveis do mercado regulem a economia, porque os seus efeitos sobre a sociedade e a natureza são danos inevitáveis".

Se não há verdades objetivas nem princípios estáveis fora da satisfação das aspirações próprias e das necessidades imediatas, que limites pode haver para o tráfico de seres humanos, a criminalidade organizada, o narcotráfico, o comércio de diamantes ensanguentados e de peles de animais em vias de extinção? Não é a mesma lógica relativista a que justifica a compra de órgãos dos pobres com a finalidade de vendê-los ou utilizá-los para experimentação, ou o descarte de crianças porque não servem ao desejo de seus pais?

É a mesma lógica do "usa e joga fora" que produz tantos resíduos, só pelo desejo desordenado de consumir mais do que realmente se tem necessidade.

Portanto, não podemos pensar que os programas políticos ou a força da lei sejam suficientes para evitar os comportamentos que afetam o meio ambiente, porque, quando a cultura se corrompe e não se reconhece mais nenhuma verdade objetiva ou princípios universalmente válidos, as leis serão entendidas somente como imposições arbitrárias e como obstáculos a serem evitados.

Laudato si', *n. 122-123.*

Jesus nos convida a pensar não somente com a cabeça, mas também com o coração e o espírito, com a inteireza do nosso ser. Esse é, precisamente, o "pensar como cristão" para poder compreender os sinais dos tempos.

4

INDIVIDUALISMO

Ninguém vence sozinho, nem em campo nem na vida!

Mensagem, 13 de junho de 2014.

VIVEMOS SEPARADOS UNS DOS OUTROS

Constatamos, diariamente, que vivemos num mundo dilacerado pelas guerras e pela violência. Seria superficial considerar que a divisão e o ódio dizem respeito somente às tensões entre os países ou os grupos sociais. Na realidade, são manifestações daquele "individualismo difuso" que nos separa e nos põe um contra o outro, fruto das feridas do pecado nos corações das pessoas, cujas consequências refletem-se também sobre a sociedade e sobre toda a criação.

Justamente para esse mundo que nos desafia, com os seus egoísmos, Jesus nos envia, e a nossa resposta não é fingir que não está acontecendo nada, sustentar que não temos meios ou que a realidade nos supera.

Nossa resposta faz eco ao grito de Jesus e aceita a Graça e a missão da unidade.

Homilia, 7 de julho de 2015.

A indiferença

Não há dúvida de que o comportamento do indivíduo indiferente, de quem fecha o coração para não levar em consideração os outros, de quem fecha os olhos para não ver o que o cerca ou se esquiva para não ser tocado pelos problemas alheios, caracteriza uma tipologia humana bastante difundida e presente em todas as épocas da história.

Todavia, nos dias atuais, esse comportamento superou, decididamente, o âmbito individual para assumir uma dimensão global e produzir o fenômeno da "globalização da indiferença".

A primeira forma de indiferença na sociedade humana é a indiferença para com Deus, da qual procede a indiferença pelo próximo e pela criação. Trata-se de um dos graves efeitos de um falso humanismo e de um materialismo prático, combinados a um pensamento relativista e niilista.

O homem pensa ser o autor de si mesmo, de sua própria vida e da sociedade; ele se sente autossuficiente e visa não só a se substituir a Deus como a prescindir completamente Dele. Em consequência, ele pensa não dever nada a ninguém, exceto a si mesmo, e acredita ter apenas direitos.

Contra essa compreensão errada que a pessoa tem de si mesma, Bento XVI recordava que nem o homem nem o seu progresso são capazes de dar a si mesmos, sozinhos, o próprio significado último; e antes dele, Paulo VI havia afirmado que "só há um humanismo verdadeiro se for aberto ao Absoluto, no reconhecimento de uma vocação, que exprime a ideia verdadeira da vida humana."

A indiferença provoca, sobretudo, fechamento e fuga de um compromisso e, assim, termina contribuindo para a ausência de paz com Deus, com o próximo e com a criação.

Mensagem para a XLX Jornada Mundial da Paz, 1º de janeiro de 2016.

A mundanidade

A Igreja somos todos nós! Todos! Desde o batizado todos somos Igreja, e todos devemos caminhar pela estrada de Jesus, que percorreu uma estrada de despojamento, Ele próprio. Tornou-se servo, servidor; quis ser humilhado até a Cruz. E se queremos ser cristãos, não há outro caminho.

Perguntam-nos se não podemos fazer um Cristianismo um pouco mais humano, sem Cruz, sem Jesus e sem privações. A meu ver, se fizéssemos isso estaríamos nos tornando cristãos de confeitaria, como belas tortas, belos doces! Tudo muito bonito, mas não seríamos cristãos de verdade!

Quando alguém nos pergunta de que se deve despojar a Igreja, minha resposta é que a Igreja deve abandonar um perigo gravíssimo, que ameaça todas as pessoas que fazem parte dela, ameaça a todos nós: o perigo da mundanidade.

O cristão não pode conviver com o espírito do mundo. A mundanidade que nos conduz à vaidade, à prepotência, ao orgulho. E esse é um ídolo, não é Deus. É um ídolo! E a idolatria é o pecado mais grave!

Discurso, 4 de outubro de 2013.

Além do presente

Falar à pessoa inteira: é uma das tarefas fundamentais do comunicador. Evitando aqueles que são os pecados dos meios de comunicação: a desinformação, a calúnia e a difamação. Esses são os três pecados dos meios de comunicação.

A desinformação, em particular, leva a dizer as coisas pela metade e isso leva a não se conseguir fazer um juízo preciso sobre a realidade. Uma comunicação autêntica não está preocupada em "impressionar": a alternância entre alarmismo catastrófico e desempenho consolador, dois extremos que continuamente vemos propostos na comunicação moderna, não é um bom serviço que os meios de comunicação possam oferecer às pessoas.

É preciso falar às pessoas em sua inteireza: à sua mente e ao seu coração, para que saibam ver além do imediato, além de um presente temeroso e que corre o risco de perder a memória.

Dos três pecados — a desinformação, a calúnia e a difamação —, a calúnia parece ser o mais grave, mas, na comunicação, o mais grave é a desinformação, porque leva você a cometer um erro, leva você a se enganar, leva você a acreditar somente numa parte da verdade.

Discurso, 15 de dezembro de 2014.

O bom cristão

O cristão é homem e mulher com uma história, porque não pertence a si próprio, está inserido num povo que caminha. Daí a impossibilidade de pensar num egoísmo cristão. Não há o cristão perfeito, um homem, uma mulher espiritual de laboratório, mas sempre um homem, uma mulher espirituais inseridos num povo, que tem uma história longa e continua a caminhar até a volta do Senhor.

Se reconhecermos que somos homens e mulheres com história, entenderemos que essa é história da Graça de Deus, porque Deus avançava com seu povo, abria a estrada, habitava com ele; mas é também história de pecado.

Porém, compreender que não estamos sós, que estamos estreitamente ligados a um povo que caminha há séculos significa também compreender outra característica do cristão e é aquilo que Jesus nos ensina no Evangelho: o serviço.

Jesus lava os pés dos discípulos e, então, lhes diz: "Vim como servo e vós deveis tornar-vos servos uns dos outros, servir".

Parece claro que a identidade cristã é o serviço, não o egoísmo. Alguém poderia rebater: "Mas, Padre, somos todos egoístas". Mas esse é um pecado, é um hábito do qual devemos livrar-nos.

Ser cristão não é uma aparência ou uma conduta social, não é maquilar um pouco a alma, para que seja um pouco mais bela. Ser cristão é fazer aquilo que Jesus fez: servir. Ele veio não para ser servido, mas para servir.

Meditação matutina na capela Domus Sanctae Marthae, 30 de abril de 2015.

5

Máfia

Os mafiosos exploram as pessoas pobres
para obrigá-las a fazer o trabalho sujo e depois,
se a polícia descobre, encontra aquela pobre gente,
mas não os mafiosos.
Visita às paróquias romanas, 8 de março de 2013.

A excomunhão dos mafiosos

Quando a adoração do Senhor é substituída pela adoração do dinheiro, abre-se caminho ao pecado, ao interesse pessoal e à prepotência; quando não adoramos a Deus, ao Senhor, tornamo-nos adoradores do mal, como o fazem aqueles que vivem de malfeitos e violência.

A *'Ndrangheta* (máfia calabresa) é isto: adoração do mal e desprezo pelo bem comum.

Esse mal deve ser combatido, deve ser afastado! É necessário dizer-lhe não! A Igreja, que, bem sei, está tão empenhada na educação das consciências, deve esforçar-se cada vez mais para que o bem possa prevalecer.

Pedem-nos isso os nossos adolescentes, pedem-nos isso os nossos jovens necessitados de esperança.

Por conseguir responder a essas exigências, a fé pode nos ajudar.

Aqueles que em sua vida percorrem esse caminho do mal, como fazem os mafiosos, não estão em comunhão com Deus: são excomungados!

Homilia em Sibari — Cosenza, 21 de junho de 2014.

Ser cristão não é uma aparência ou uma conduta social, não é maquilar um pouco a alma, para que seja um pouco mais bela. Ser cristão é fazer aquilo que Jesus fez: servir. Ele veio não para ser servido, mas para servir.

Quem serve ao mal?

Ninguém pode dizer-se cristão e violar a dignidade das pessoas; os que pertencem à comunidade cristã não podem programar e consumar gestos de violência contra os outros e contra o ambiente.

Os gestos exteriores de religiosidade não acompanhados por uma verdadeira e pública conversão não bastam para considerar-se em comunhão com Cristo e com a sua Igreja.

Os gestos exteriores de religiosidade não bastam para considerar crentes aqueles que, com a maldade e a arrogância típica dos criminosos, fazem da ilegalidade seu estilo de vida.

A todos aqueles que escolheram a via do mal e são afiliados a organizações mafiosas, renovo o convite premente à conversão. Abram seu coração ao Senhor! Abram seu coração ao Senhor!

O Senhor os espera e a Igreja os acolherá se, como pública foi a sua escolha de servir ao mal, clara e pública for também a sua vontade de servir ao bem.

Discurso, 21 de fevereiro de 2015.

Um convite à conversão

Desejo que o sentimento de responsabilidade, pouco a pouco, vença a corrupção, em todas as partes do mundo... e isso deve partir de dentro, das consciências e, a partir daí, reabilitar, sanar os comportamentos, as relações, as escolhas, a estrutura social, para que a justiça ganhe espaço, alargue-se, enraíze-se e tome o lugar da iniquidade.

Em particular, quero exprimir minha solidariedade a todos os que perderam uma pessoa querida, vítima da violência mafiosa. Obrigado por seu testemunho, porque vocês não se fecharam, mas se abriram, saíram para contar a sua história de dor e de esperança. Isso é muito importante, especialmente para os jovens!

Gostaria de rezar com vocês — e o faço de coração — por todas as vítimas das máfias. Há poucos dias, próximo a Taranto, ocorreu um crime que não teve piedade nem mesmo de uma criança. Mas, ao mesmo tempo, rezemos juntos, todos, pedindo forças para seguir em frente, para não nos desencorajarmos, para continuarmos a lutar contra a corrupção.

E sinto que não posso terminar sem dizer uma palavra aos grandes ausentes, hoje, aos protagonistas ausentes: aos homens e às mulheres mafiosos. Por favor, mudem de vida, convertam-se, parem, deixem de praticar o mal! E nós rezamos por vocês.

Convertam-se, peço de joelhos; é para o seu bem. Essa vida que vocês vivem agora não lhes dará prazer, não lhes dará alegria, não lhes dará felicidade.

O poder, o dinheiro que vocês têm agora, vindos de tantos negócios sujos, de tantos crimes mafiosos, é dinheiro ensanguentado, é poder ensanguentado, e vocês não poderão levá-lo para a outra vida.

Convertam-se, ainda há tempo para não terminarem no inferno. É o que os espera se continuarem nesse caminho. Vocês tiveram pai e mãe: pensem neles. Chorem um pouco e convertam-se.

Discurso, 21 de março de 2014.

Reagir à violência

Queridos napolitanos, sintam esperança e não deixem que a esperança lhes seja roubada! Não cedam às promessas de ganhos fáceis ou rendimentos desonestos, pois se hoje eles significam pão, amanhã significarão fome. Deste mundo vocês não podem levar nada!

Reajam com firmeza às organizações que exploram e corrompem os jovens, os pobres e os fracos por meio do comércio cínico da droga e de outros crimes. Não deixem que sua esperança seja roubada! Não deixem que a sua juventude seja explorada por essa gente!

Que a corrupção e a delinquência não desfigurem esta bela cidade! E mais: não desfigurem a alegria de seus corações napolitanos!

Aos criminosos e a todos os seus cúmplices, hoje eu, humildemente, como irmão, repito: convertam-se ao amor e à justiça! Deixem-se encontrar pela Misericórdia de Deus! Estejam conscientes de que Jesus os está procurando para abraçá-los, beijá-los, amá-los mais. Com a Graça de Deus, que tudo perdoa e sempre perdoa, é possível retornar a uma vida honesta.

Pedem-lhes isso também as lágrimas das mães de Nápoles, misturadas às de Maria, a Mãe Celeste. Que essas lágrimas derretam a dureza dos corações e reconduzam todos ao caminho do bem.

Homilia, 21 de março de 2015.

Os pobres obrigados a entrarem para a máfia

Sendo Bispo de Roma, gostaria de refletir sobre a nossa vida como habitantes de Roma, que representa uma grande dádiva, porque significa viver na Cidade Eterna. Sobretudo, significa para um cristão fazer parte da Igreja fundada sobre o testemunho e o martírio dos santos apóstolos Pedro e Paulo. E, portanto, também por isso damos graças ao Senhor. Mas, ao mesmo tempo, representa uma grande responsabilidade.

Sem dúvida, as graves ocorrências de corrupção, recentemente reveladas, requerem uma séria e consciente conversão dos corações tanto para um renascimento espiritual e moral como também para um compromisso renovado para construir uma cidade mais justa e solidária, onde os pobres, os fracos e os marginalizados estejam no centro de nossas preocupações e de nossas ações diárias.

É necessário um grande e cotidiano comportamento de liberdade cristã para ter a coragem de proclamar, na nossa cidade, que é preciso defender os pobres e não defender-se dos pobres, que é preciso servir aos fracos e não servir-se dos fracos!

O ensinamento de um simples diácono romano pode nos ajudar. Quando pediram a São Lourenço para trazer e mostrar os tesouros da Igreja, ele trouxe, simplesmente, alguns pobres. Quando, numa cidade, os pobres e os fracos são cuidados, socorridos e ajudados a melhorar de vida na sociedade, eles se revelam como o tesouro da Igreja e um tesouro na sociedade.

Ao contrário, quando uma sociedade ignora os pobres, persegue-os, criminaliza-os, obriga-os a entrarem para a máfia, essa sociedade se empobrece até chegar à miséria, perde a liberdade e prefere "o alho e as cebolas" da escravidão, da escravidão de seu egoísmo, da escravidão de sua pusilanimidade, e essa sociedade deixa de ser cristã.

Homilia, 31 de dezembro de 2014.

6

Eutanásia

A vida é sagrada e inviolável desde sua concepção até o fim natural.
Discurso, 9 de maio de 2014.

Eutanásia oculta

Quando no centro do sistema não há mais o homem, porém, o dinheiro, quando o dinheiro se torna um ídolo, os homens e as mulheres são reduzidos a simples instrumentos de um sistema social e econômico caracterizado, na verdade dominado, por profundos desequilíbrios. E assim se "descarta" aquilo que não serve a essa lógica: é o comportamento que descarta as crianças e os idosos e agora atinge também os jovens.

Impressionam-me as taxas de natalidade tão baixas aqui na Itália: desse modo se perde a ligação com o futuro. Como igualmente a cultura do descarte leva à eutanásia oculta dos idosos, que são abandonados, em vez de serem considerados como a nossa memória. A ligação com o nosso passado é uma fonte de sabedoria para o presente.

Às vezes me pergunto: qual será o próximo descarte? Devemos nos deter em tempo. Detenhamo-nos, por favor!

Entrevista a La Stampa, *outubro de 2014.*

A vida "descartada"

Constata-se, com pesar, uma prevalência das questões técnicas e econômicas no centro do debate político, em detrimento de uma autêntica orientação antropológica. O ser humano corre o risco de ser reduzido a uma simples engrenagem de um mecanismo que o trata à semelhança de um bem de consumo utilizável, de modo que — notamos, infelizmente, com frequência —, quando a vida não é funcional a tal mecanismo, é descartada sem muitas hesitações, como no caso dos doentes, dos doentes terminais, dos idosos abandonados e sem cura, ou das crianças mortas antes de nascer.

É o grande equívoco que ocorre quando prevalece o poder absoluto da técnica, que termina realizando uma confusão entre fins e meios. Resultado inevitável da "cultura do descarte" e do "consumismo exacerbado".

Ao contrário, afirmar a dignidade da pessoa significa reconhecer a preciosidade da vida humana, que nos é dada gratuitamente e não pode por isso ser objeto de troca ou de comercialização.

Tomar conta da fragilidade das pessoas e dos povos significa guardar a memória e a esperança; significa encarregar-se do presente na sua situação mais marginal e angustiante, e ser capaz de ungi-lo de dignidade.

Discurso no Parlamento europeu, 25 de novembro de 2014.

Uma sociedade habituada a jogar fora

Os idosos são descartados porque esta sociedade joga fora aquilo que não é útil: usa e joga fora. As crianças não são úteis: por que ter crianças? Melhor não tê-las. Contudo, tenho afeto, me arranjo também com um cãozinho e um gato. A nossa sociedade é assim: quanta gente prefere descartar as crianças e confortar-se com o cãozinho ou o gato!

Descartam-se as crianças, descartam-se os idosos, para ficarem livres. Nós, idosos, temos enfermidades, problemas, e levamos problemas para os outros, e as pessoas talvez nos descartem por nossas enfermidades, porque não servimos mais. E também há o hábito de deixar os idosos morrerem — desculpem-me a palavra — e, como gostamos, e muito, de usar eufemismos, dizemos uma palavra técnica: eutanásia. Não apenas a eutanásia feita com uma injeção, mas a eutanásia oculta, aquela feita ao não dar os remédios aos idosos, ao não cuidar deles, fazer com que a vida deles fique triste para assim morrerem, chegarem ao fim.

O melhor remédio para viver muito é a proximidade, a amizade, a ternura. Às vezes pergunto aos filhos que têm genitores idosos: "Vocês são próximos de seus pais?". E se os idosos estão numa instituição de repouso — porque em casa acontece, de verdade, de não poderem ficar, pois os filhos trabalham —, pergunto a eles se visitam os pais lá.

Na outra diocese, quando visitei casas de repouso, encontrei muitos idosos, e eu lhes perguntava:

— E os seus filhos?

— Bem, bem, bem.

— Eles vêm visitá-los?

Ficavam quietos e eu descobria logo...

— Quando vieram pela última vez?

— No Natal.

Estávamos no mês de agosto.

Discurso, 21 de março de 2015.

Atentado à vida

O grau de progresso de uma civilização se mede pela capacidade de proteger a vida, sobretudo em suas fases mais frágeis, mais do que da difusão de instrumentos tecnológicos.

Quando falamos do homem, não nos esqueçamos, nunca, de todos os atentados à sacralidade da vida humana. É atentado à vida a praga do aborto. É atentado à vida deixar morrer nossos irmãos em barcos no canal da Sicília. É atentado à vida a morte no trabalho por não se respeitarem as mínimas condições de segurança. É atentado à vida a morte por desnutrição. É atentado à vida o terrorismo, a guerra, a violência; mas também a eutanásia.

Amar a vida é sempre cuidar do outro, querer o seu bem, cultivar e respeitar sua dignidade transcendente.

Discurso, 30 de maio de 2015.

Amar a vida é sempre cuidar do outro, querer o seu bem, cultivar e respeitar sua dignidade transcendente.

7

ABORTO

Suscita horror o simples pensamento de que haja crianças que não poderão jamais ver a luz, vítimas do aborto.
Discurso, 13 de janeiro de 2014.

A SACRALIDADE DA VIDA HUMANA

A atenção à vida humana, particularmente àquela em maior dificuldade, isto é, ao doente, ao idoso e à criança envolve profundamente a missão da Igreja. Esta se sente chamada também a participar do debate que tem por objeto a vida humana, apresentando a própria proposta fundada sobre o Evangelho.

Em muitos lugares, a qualidade da vida é ligada, principalmente, às possibilidades econômicas, ao "bem-estar", à beleza e ao prazer da vida física, esquecendo outras dimensões mais profundas — relacionais, espirituais e religiosas — da existência.

Na realidade, à luz da fé e da razão justa, a vida humana é sempre sagrada e sempre "de qualidade". Não existe uma vida humana mais sagrada do que outra: toda vida humana é sagrada! Do mesmo modo não há uma vida humana qualitativamente mais significativa do que outra somente em virtude dos meios, dos direitos, das oportunidades econômicas e sociais maiores.

Às vezes, o pensamento dominante propõe uma "falsa compaixão": aquela que considera uma ajuda à mulher favorecer o aborto, um ato de dignidade proporcionar a eutanásia, uma conquista científica "produzir" um filho considerado um direito em lugar de acolhê-lo como uma dádiva; ou usar vidas humanas como cobaias de laboratório para salvar, presumivelmente, outras vidas.

Estamos vivendo um tempo de experimentações com a vida. Contudo, um experimentar ruim. Fazer filhos em vez de acolhê-los como dádivas. Brincar com a vida. Fiquem atentos, porque esse é um pecado contra o Criador: contra Deus Criador, que criou as coisas.

Muitas vezes, na minha vida de sacerdote, ouvi objeções, como ilustra o diálogo abaixo:

— Mas diga-me, por que a Igreja se opõe ao aborto, por exemplo? É um problema religioso?

— Não, não. Não é um problema religioso.

— É um problema filosófico?

— Não. Não é um problema filosófico.

É um problema científico, porque ali está uma vida humana e não é lícito matar uma vida humana para resolver um problema.

— Mas, não, o pensamento moderno...

— Mas ouça, no pensamento antigo e no pensamento moderno, a palavra matar significa o mesmo!

Discurso, 15 de novembro de 2014.

Aborto e confissão

Esta é também a grandeza da confissão: o fato de avaliar caso por caso e de poder discernir qual é a melhor coisa a fazer para uma pessoa que procura Deus e a Sua Graça.

O confessionário não é uma sala de tortura, mas o lugar da misericórdia no qual o Senhor nos estimula a fazer o melhor que podemos. Penso também na situação de uma mulher que teve de carregar um matrimônio falido no qual ela abortou. Depois essa mulher se casou outra vez e agora está tranquila com cinco filhos. O aborto lhe pesa enormemente e está sinceramente arrependida. Gostaria de continuar na vida cristã. O que faz o confessor?

Não podemos insistir somente nas questões ligadas ao aborto, matrimônio homossexual e uso de métodos contraceptivos. Assim não é possível. Não falei muito dessas coisas, e por isso fui criticado. Mas quando se fala sobre esses assuntos, é necessário falar num contexto.

O parecer da Igreja, de resto, é conhecido, e eu sou filho da Igreja, mas não é necessário falar disso o tempo todo.

Entrevista a La Civiltà Cattolica, *19 de setembro de 2013.*

Apelo aos médicos

Atualmente assistimos a uma situação paradoxal, que diz respeito à profissão médica. De uma parte, constatamos os progressos da medicina, graças ao trabalho de cientistas que, com paixão e sem concessões, se dedicam à procura de novas curas. De outra, porém, há o perigo de que o médico perca a própria identidade de servidor da vida.

A sua é uma vocação e missão singular, que necessita estudo, consciência e humanidade. Houve uma época em que as mulheres que ajudavam no parto eram chamadas "comadres": uma comadre é como uma mãe para com a outra, para com a verdadeira mãe. Vocês também são "comadres" e "compadres".

Uma mentalidade difusa do útil, a "cultura do descarte", que hoje escraviza os corações e as inteligências de muitos, tem um custo altíssimo: requer a eliminação de seres humanos, sobretudo se forem mais fracos física e socialmente.

Nossa resposta a essa mentalidade é um "sim" decidido e sem hesitações à vida. As coisas têm um preço e são vendáveis, mas as pessoas têm dignidade, valem mais do que as coisas e não têm preço. Muitas vezes nos encontramos em situações nas quais vemos que aquilo que custa menos é a vida. Por isso a atenção à vida humana, na sua totalidade, tornou-se, nos últimos tempos, uma prioridade verdadeira e própria do Magistério da Igreja, particularmente com relação à vida humana mais indefesa, isto é, a do incapacitado, do doente, do nascituro, da criança, do idoso, que é a vida mais indefesa.

No ser humano frágil, cada um de nós é convidado a reconhecer o rosto do Senhor, que na sua carne humana experimentou a indiferença e a solidão à qual frequentemente condenamos os mais pobres, seja nos países em via de desenvolvimento, seja nas sociedades abastadas.

Toda criança não nascida, condenada injustamente a ser abortada, tem o rosto de Jesus Cristo, tem o rosto do Senhor, que antes mesmo de nascer, e então recém-nascido, experimentou o descarte do mundo. O Senhor também conta com vocês para difundir o "evangelho da vida".

Discurso aos médicos católicos, 20 de setembro de 2013.

Compreensão e compaixão

Entre os fracos dos quais a Igreja quer cuidar com predileção há também os nascituros, que são os mais indefesos e inocentes de todos, aos quais hoje se quer negar a dignidade humana, com o fim de poder fazer o que se quer com eles, tirando-lhes a vida e promovendo legislações para que ninguém possa impedir isso.

Frequentemente, para ridicularizar jovialmente a defesa que a Igreja faz da vida dos nascituros, apresenta-se sua posição como algo ideológico, obscurantista e conservador. No entanto, essa defesa da vida nascente está intimamente ligada à defesa de qualquer direito humano. Supõe a convicção de que um ser humano é sempre sagrado e inviolável, em qualquer situação e em todas as fases de seu desenvolvimento. É um fim em si mesmo e nunca um meio para resolver outras dificuldades. Se essa convicção cair por terra, não permanecerão fundamentos sólidos e permanentes para a defesa dos direitos humanos, que ficariam sempre sujeitos às conveniências contingentes dos poderosos da vez.

Essa razão, apenas, é suficiente para reconhecer o valor inviolável de toda vida humana.

Exatamente por se tratar de uma questão relacionada à coerência interna da nossa mensagem sobre o valor da pessoa humana, não se deve esperar que a Igreja mude sua posição a esse respeito. Quero ser de todo honesto nesta matéria. Esse não é um argumento sujeito a presumíveis reformas ou a "modernizações".

Não é progressista pretender resolver os problemas eliminando uma vida humana, porém, é também verdade que fizemos pouco para acompanhar adequadamente as mulheres que se encontram em situações muito duras, em que o aborto se lhes apresenta como uma rápida solução para suas angústias profundas, particularmente quando a vida que cresce nelas surgiu como consequência de uma violência ou num contexto de extrema pobreza. Quem pode deixar de entender situações tão dolorosas?

Evangelii gaudium, n. 213-214.

Proteger a vida

Um dos riscos mais graves aos quais está exposta nossa época é o divórcio entre economia e moral, entre as possibilidades oferecidas por um mercado dotado de todas as novidades tecnológicas e as normas éticas elementares da natureza humana, cada vez mais negligenciada.

Portanto, é necessário reiterar a mais firme oposição a qualquer atentado direto contra a vida, de modo especial à inocente e indefesa; e o nascituro, no ventre materno, é o inocente por excelência. Recordemos as palavras do Concílio Vaticano II: "A vida, uma vez concebida, deve ser protegida com o máximo cuidado; o aborto e o infanticídio são delitos abomináveis".

Recordo uma vez, há muito tempo, quando fiz uma conferência para um grupo de médicos. Após a conferência, saudei os doutores.

Enquanto conversava com eles, um chamou-me à parte. Tinha consigo um pacote e disse-me: "Padre, quero deixar isto com o senhor. São estes os instrumentos que utilizei para fazer abortos. Encontrei o Senhor, arrependi-me e agora luto a favor da vida". Entregou-me todos os seus instrumentos. Rezem por esse bom homem!

Quem é cristão tem sempre o dever desse testemunho evangélico: proteger a vida com coragem e amor em todas as suas fases. Encorajo-os a fazê-lo sempre em tom de solidariedade, de proximidade: que toda mulher se sinta considerada como pessoa, ouvida, acolhida e acompanhada.

Discurso, 11 de abril de 2014.

O embrião

Uma vez que tudo está relacionado, não é compatível a defesa da natureza com a justificação do aborto. Não parece viável um caminho educativo para acolher os seres frágeis que nos rodeiam e que, às vezes, são incômodos ou inoportunos, quando não se dá proteção a um embrião humano ainda que a sua chegada seja causa de transtornos e dificuldades: "Quando se perde a sensibilidade pessoal e social ao acolhimento de uma nova vida, tornam-se áridas também outras formas de acolhimento úteis à vida social" (*Caritas in veritate*, 29 de junho de 2009).

Espera-se ainda o desenvolvimento de uma nova síntese, que ultrapasse as falsas dialéticas dos últimos séculos. O próprio Cristianismo, mantendo-se fiel à sua identidade e ao tesouro de verdade que recebeu de Jesus Cristo, não cessa de se repensar e reformular no diálogo com as novas situações históricas, deixando florescer assim a sua perene novidade.

Laudato si', *n. 120-121.*

8

Contracepção

A Igreja rejeita com todas as suas forças as intervenções coercitivas do Estado em favor de contracepção, esterilização ou aborto.

Amoris laetitia, n. 42.

[Frase extraída do Relatório Final do Sínodo dos Bispos, 24 de outubro de 2015.]

O mal menor

O aborto não é um "mal menor". É um crime. É matar um para salvar um outro. É o que a máfia faz. É um crime, é um mal absoluto.

Quanto ao "mal menor": evitar a gravidez é um caso — falamos em termos de conflito entre o Quinto e o Sexto Mandamento. Paulo VI — o grande! — numa situação difícil, na África, permitiu às freiras usarem anticoncepcionais para os casos de violência.

Não se deve confundir o mal de evitar a gravidez, por si só, com o aborto. O aborto não é um problema teológico: é um problema humano, é um problema médico. Mata-se uma pessoa para salvar uma outra — no melhor dos casos — ou para alguém se livrar de dificuldades. É contra o juramento de Hipócrates feito pelos médicos. É um mal em si mesmo, mas não é um mal religioso, no início, não; é um mal humano. E, evidentemente, como é um mal humano — como todo assassinato — é condenado. No entanto, evitar a gravidez não é um mal absoluto, e em certos casos, como naquele que mencionei do Beato Paulo VI, era claro.

Conferência jornalística durante o voo de retorno do México, 17 de fevereiro de 2016.

Paternidade responsável

A palavra-chave é aquela que a Igreja sempre usa e também eu: paternidade responsável. Como se faz isso? Com o diálogo. Toda pessoa, com o seu Pastor, deve procurar como fazer a paternidade responsável.

O exemplo da mulher que esperava o oitavo filho e já havia tido sete por meio de cesariana: essa é uma irresponsabilidade.

— Não, eu confio em Deus.

— Mas veja. Deus lhe dá os meios, seja responsável.

Alguns acreditam que — desculpem-me a palavra — para sermos bons católicos devemos ser como os coelhos. Não. Paternidade responsável. Isso é claro e, por essa razão, na Igreja há grupos matrimoniais, há os especialistas, há os Pastores e procura-se ajuda. E conheço muitas vias de saída lícitas que ajudaram nesse particular.

Também é curiosa uma outra coisa bem diferente, mas que está relacionada com isso. Para as pessoas mais pobres, um filho é um tesouro. É verdade, também aqui se deve ser prudente. Mas para eles um filho é um tesouro. Deus sabe como ajudá-los. Talvez alguns não sejam prudentes nesse caso, é verdade. Paternidade responsável.

Mas olhem também a generosidade daquele papai e daquela mamãe que veem em cada filho um tesouro.

Conferência jornalística durante a viagem de retorno das Filipinas, 19 de janeiro de 2015.

Não existe uma vida humana mais sagrada do que outra: toda vida humana é sagrada! Do mesmo modo não há uma vida humana qualitativamente mais significativa do que outra somente em virtude dos meios, dos direitos, das oportunidades econômicas e sociais maiores.

Matrimônios "estéreis"

A Jesus não agradam os matrimônios que não querem filhos, que querem permanecer sem fecundidade. São o produto da cultura do bem-estar de dez anos atrás, segundo a qual é melhor não ter filhos, pois assim pode-se conhecer o mundo de férias, pode-se ter uma casa de campo e ficar-se tranquilo!

É uma cultura que sugere ser mais cômodo ter um cãozinho e dois gatos, assim o amor vai para os dois gatos e o cãozinho. Porém, desse modo, ao fim, esse matrimônio chega à velhice em solidão, com a amargura da solidão má: não é fecundo, não faz aquilo que Jesus faz com a sua Igreja.

Meditação matutina na capela da Domus Sanctae Marthae, 2 de junho de 2014.

Abertura à vida

A família está ameaçada por tentativas crescentes da parte de algumas pessoas para redefinir a própria instituição do matrimônio mediante o relativismo, a cultura do efêmero, uma falta de abertura à vida.

Penso no Beato Paulo VI. Num momento no qual se colocava o problema do crescimento demográfico, teve a coragem de defender a abertura à vida na família. Ele conhecia as dificuldades que havia em toda família, por isso, na sua encíclica foi muito misericordioso em relação a casos particulares, e pediu aos confessores que fossem muito misericordiosos e compreensivos com os casos particulares. Porém, ele também olhou além: olhou os povos da Terra, e viu a ameaça da destruição da família pela falta de filhos. Paulo VI era corajoso, era um Bom Pastor e alertou suas ovelhas sobre a chegada dos lobos.

O mundo tem necessidade de famílias boas e fortes para superar essas ameaças! As Filipinas têm necessidade de famílias santas e repletas de amor para proteger a beleza e a verdade da família no plano de Deus e serem suporte e exemplo para as outras famílias.

Toda ameaça à família é uma ameaça à própria sociedade. O futuro da humanidade, como frequentemente disse São João Paulo II, passa por meio da família. O futuro passa por meio da família, portanto, protejam suas famílias!

Discurso às famílias, 16 de janeiro de 2015.

Crescimento demográfico e redução da natalidade

Em vez de resolver os problemas dos pobres e pensar num mundo diferente, alguns se limitam a propor uma redução da natalidade. Não faltam pressões internacionais, sobre os países em via de desenvolvimento, que condicionam as ajudas econômicas a determinadas políticas de "saúde reprodutiva".

Mas, se é verdade que a distribuição desigual da população e dos recursos disponíveis cria obstáculos ao desenvolvimento e a um uso sustentável do ambiente, deve-se reconhecer que o crescimento demográfico é plenamente compatível com um desenvolvimento integral e solidário.

Culpar o aumento demográfico e não o consumismo extremo e seletivo de alguns é um modo de não enfrentar os problemas.

Desse modo, pretende-se legitimar o modelo distributivo atual, no qual uma minoria se acredita no direito de consumir numa proporção que seria impossível generalizar, porque o planeta não poderia nem mesmo conter os dejetos de um consumo semelhante.

Laudato si', *n. 50.*

Educação sexual e afetiva dos jovens

Frequentemente, a educação sexual se concentra no convite a "proteger-se", procurando um "sexo seguro". Essas expressões transmitem uma atitude negativa em relação à finalidade natural procriadora da sexualidade, como se um eventual filho fosse um inimigo do qual alguém se deve proteger. Assim, promove-se a agressividade narcisística em vez do acolhimento.

É irresponsável todo convite aos adolescentes para brincarem com seu corpo e seus desejos, como se tivessem a maturidade, os valores, o empenho recíproco e os objetivos próprios do matrimônio. Assim eles são encorajados, jovialmente, a utilizarem a outra pessoa como objeto de experiências para compensar carências e limitações.

Em vez disso, é importante ensinar um percurso sobre as diversas expressões do amor, sobre o cuidado recíproco, sobre a ternura respeitosa, sobre a comunicação rica de sentido. Tudo isso, de fato, prepara a uma dádiva de si íntegra e generosa que se exprimirá, após um compromisso público, na oferta dos corpos.

Desse modo, a união sexual no matrimônio aparecerá como sinal de um compromisso total, enriquecido por todo o caminho precedente.

Amoris laetitia, n. 283.

PARTE IV

O JUÍZO DA HISTÓRIA SOBRE A HISTÓRIA

Há um juízo de Deus e também um juízo da história sobre as nossas ações do qual não se pode fugir!

ANGELUS, 1º DE SETEMBRO DE 2013.

1

Europa

Hoje a Europa deve retomar a capacidade
que sempre teve de integração.
Conferência jornalística, 16 de abril de 2016.

Exclusão e integração

O que lhe aconteceu, Europa humanística, defensora pertinaz dos direitos do homem, da democracia e da liberdade? O que lhe aconteceu, Europa, terra dos poetas, filósofos, artistas, músicos, literatos? O que lhe aconteceu, Europa mãe dos povos e nações, mãe de grandes homens e mulheres, que souberam defender e dar a vida pela dignidade de seus irmãos?

Os projetos dos Pais fundadores não estão superados: inspiram, hoje, mais do que nunca, a construir pontes e a derrubar muros.

O reducionismo e todos os objetivos uniformizadores, longe de gerarem valor, condenam os nossos povos a uma cruel pobreza: a da exclusão. E longe de trazerem grandeza, riqueza e beleza, a exclusão provoca covardia, limitações e brutalidade. Longe de propiciar nobreza ao espírito, traz-lhes mesquinharia.

As raízes dos nossos povos, as raízes da Europa foram se consolidando no decurso de sua história, aprendendo a integrar, em sínteses sempre novas, as culturas mais diversas e sem aparente ligação entre elas. A identidade europeia é, e sempre foi, uma identidade dinâmica e multicultural.

Somos convidados a promover uma integração que encontra na solidariedade o modo de fazer as coisas, o modo de construir a história. Uma solidariedade que não pode jamais ser confundida com a esmola, mas sim como geração de oportunidades para que todos os habitantes de nossa cidade — e de tantas outras cidades — possam desenvolver sua vida com dignidade. O tempo nos ensina que não basta apenas a inserção geográfica das pessoas, mas o desafio é uma forte integração cultural. Desse modo, a comunidade dos povos europeus poderá vencer a tentação de fechar-se sobre paradigmas unilaterais; descobrirá a amplitude da alma europeia, nascida do encontro entre civilização e povos, mais vasta dos atuais confins da União e chamada a tornar-se modelo de novas sínteses e de diálogo.

Discurso, 6 de maio de 2016.

A cultura do diálogo

Se há uma palavra que devemos repetir, até nos cansarmos, é esta: diálogo. Somos convidados a promover uma cultura do diálogo, procurando por todos os meios abrir instâncias para que isso seja possível e que nos permita reconstruir a estrutura social.

A cultura do diálogo implica um aprendizado autêntico, uma ascese que nos ajude a reconhecer o outro como um interlocutor válido; que nos permita olhar o estrangeiro, o migrante, o pertencente a uma outra cultura como um sujeito a ser escutado, considerado e apreciado.

É urgente para nós, atualmente, envolver todos os atores sociais na promoção de "uma cultura que privilegie o diálogo como forma de encontro", levando adiante "a busca de consenso e de acordos sem, no entanto, separá-la das preocupações com uma sociedade justa, capaz de memória e sem exclusões" (*Evangelii gaudium*, 239).

A paz será duradoura na medida em que armarmos nossos filhos com as armas do diálogo, ensinarmos-lhes a boa batalha do encontro e da negociação. Desse modo, poderemos deixar-lhes em herança uma cultura que saiba delinear estratégias não de morte, mas de vida; não de exclusão, mas de integração.

Essa cultura do diálogo, que deveria estar inserida em todos os currículos escolares como eixo transversal das disciplinas, ajudará a inculcar, nas jovens gerações, um modo de resolver os conflitos diferente daquele ao qual nós os estamos habituando.

Atualmente é urgente podermos realizar "coalizões" não mais somente militares ou econômicas, mas culturais, educativas, filosóficas, religiosas. Coalizões que coloquem em evidência que, por trás de muitos conflitos, há frequentemente um jogo de poder de grupos econômicos. Coalizões capazes de defender o povo de ser utilizado para fins impróprios. Armemos a nossa gente com a cultura do diálogo e do encontro.

Discurso, 6 de maio de 2016.

Sonho uma Europa...

Sonho uma Europa jovem, capaz de ainda ser mãe: uma mãe que tenha vida, porque respeita a vida e oferece esperanças de vida.

Sonho uma Europa que toma conta da criança, que socorre como a um irmão o pobre e quem chega em busca de acolhimento porque não tem mais nada e pede abrigo.

Sonho uma Europa que escuta e valoriza as pessoas doentes e anciãs, para que não sejam reduzidas a improdutivos objetos de descarte.

Sonho uma Europa na qual ser migrante não é delito, mas sim um convite a um maior compromisso com a dignidade de todo ser humano.

Sonho uma Europa onde os jovens respiram o ar limpo da honestidade, amam a beleza da cultura e de uma vida simples, não poluída pelas infinitas necessidades do consumismo; onde casar-se e ter filhos são uma responsabilidade e uma grande alegria, não um problema decorrente da falta de um trabalho suficientemente estável.

Sonho uma Europa das famílias, com políticas verdadeiramente efetivas, centradas em rostos em vez de números, em nascimentos dos filhos em vez do aumento dos bens.

Sonho uma Europa que promove e tutela os direitos de cada um, sem esquecer os deveres para com todos. Sonho com uma Europa da qual não se possa dizer que seu compromisso com os direitos humanos foi sua última utopia.

Discurso, 6 de maio de 2016.

Pontes e muros

Compreendo os governos, também as populações, que têm medo. Compreendo isso, e devemos ter uma grande responsabilidade no acolhimento. Um dos aspectos dessa responsabilidade é o seguinte: como podemos nos integrar, essas pessoas e nós.

Eu sempre disse que fazer muros não é uma solução: já vimos um cair, no século passado. Não resolve nada. Devemos fazer pontes. Mas as pontes se fazem com inteligência, com diálogo, com integração. E por isso compreendo um certo temor. Mas fechar as fronteiras não resolve nada, porque esse fechamento, com o tempo, faz mal à própria população.

A Europa deve, urgentemente, fazer políticas de acolhimento e integração, de crescimento, de trabalho, de reforma da economia... todas essas coisas são as pontes que nos levarão a não construir muros. O medo tem toda a minha compreensão; mas depois daquilo que vi e que vocês próprios viram, naquele campo para refugiados... era de chorar!

O que querem as crianças? Paz, porque sofrem. Lá no campo eles têm cursos de educação... mas o que viram, aquelas crianças! Viram também uma criança se afogar. As crianças carregam essa imagem no coração!

Conferência jornalística durante o voo de retorno da Grécia, 16 de abril de 2016.

O PROBLEMA DEMOGRÁFICO

Quando convoquei o primeiro Sínodo, a grande preocupação da maioria dos meios de comunicação era: "Os divorciados poderão fazer a comunhão se casaram de novo?". E como não sou santo, isso me provocou um pouco de irritação, e também um pouco de tristeza.

Porque penso: "Mas esse meio de comunicação que diz isso, e mais isto e aquilo, não percebe que esse não é um problema importante? Não percebe que a família, no mundo inteiro, está em crise? E a família é a base da sociedade! Não percebe que os jovens não querem se casar? Não percebe que a redução da natalidade na Europa faz chorar? Não percebe que a falta de trabalho e a possibilidade de trabalho levam o papai e a mamãe a terem dois empregos e que as crianças cresçam sozinhas e não aprendam a crescer em diálogo com o papai e a mamãe?".

Conferência jornalística durante o voo de retorno da Grécia, 6 de abril de 2016.

OS VALORES DA EUROPA

Uma Europa que já não é capaz de abrir-se à dimensão transcendente da vida é uma Europa que lentamente se arrisca a perder a própria alma e também aquele "espírito humanístico" que, no entanto, ela ama e defende.

Justamente a partir da necessidade de uma abertura ao transcendente, pretendo afirmar a importância central da pessoa humana, em vez de considerá-la à mercê dos modos e dos poderes do momento. Nesse sentido, considero fundamental não apenas o patrimônio que o Cristianismo deixou, no passado, à formação sociocultural do continente, mas também, sobretudo, a contribuição que pretende dar, atualmente e no futuro, a seu crescimento.

Essa contribuição não constitui um perigo para a laicidade dos Estados e para a independência da União Europeia, mas sim um enriquecimento. Indicam-nos isso os ideais que formaram a União Europeia, desde o princípio, tal como a paz, a colaboração e a solidariedade recíproca, um humanismo centrado no respeito da dignidade da pessoa.

Estou convencido de que uma Europa apta a extrair tesouros das próprias raízes religiosas, sabendo colher delas sua riqueza e suas potencialidades, possa ser também mais facilmente imune a tantos extremismos que se alastram pelo mundo moderno. Esses extremismos se alastram também pelo grande vazio ideal ao qual assistimos no chamado Ocidente, porque é exatamente o esquecimento de Deus, e não a sua glorificação, que gera a violência.

A Europa sempre esteve na linha de frente, num louvável empenho em favor da ecologia. Esta nossa Terra, de fato, necessita de cuidados e atenções contínuos e cada um tem a responsabilidade pessoal de proteger a criação, dádiva preciosa que Deus colocou nas mãos dos homens.

Discurso no Parlamento europeu, 25 de novembro de 2014.

2

Fé e religião

Nunca rígidos, nunca fechados, sempre abertos à voz de Deus que fala, que abre, que conduz, que nos convida a caminhar em direção ao horizonte.
Homilia, 2 de fevereiro de 2014.

A fé e a realidade

Os Pastores, acolhendo as contribuições das diversas ciências, têm direito de emitir opiniões sobre tudo o que diz respeito à vida das pessoas, pois a missão de evangelização implica e exige uma promoção integral de todos os seres humanos.

Não se pode mais afirmar que a religião deve limitar-se ao âmbito privado e que só existe para preparar as almas para o céu. Sabemos que Deus deseja a felicidade de seus filhos também nesta Terra, mesmo que sejamos chamados à plenitude eterna, porque Ele criou todas as coisas "para nosso bom uso" (*1 Tm* 6, 17), para que todos possam usufruí-las. Daí deriva que a conversão cristã exige reconsiderar, especialmente, tudo o que concerne à ordem social e à realização do bem comum.

Em consequência, ninguém pode exigir de nós que releguemos a religião à intimidade secreta das pessoas, sem nenhuma influência sobre a vida social e nacional, sem nos preocuparmos com a saúde das instituições da sociedade civil, sem nos manifestarmos sobre acontecimentos que interessam aos cidadãos.

Se há uma palavra que devemos repetir, até nos cansarmos, é esta: diálogo. Somos convidados a promover uma cultura do diálogo, procurando por todos os meios abrir instâncias para que isso seja possível e que nos permita reconstruir a estrutura social.

Quem ousaria se trancar num templo e fazer calar a mensagem de São Francisco de Assis e da Beata Teresa de Calcutá? Eles não poderiam aceitar isso.

Uma fé autêntica — que nunca é cômoda e individualista — implica sempre um profundo desejo de mudar o mundo, de transmitir valores, de deixar algo de melhor depois de nossa passagem pela Terra.

Amamos este magnífico planeta onde Deus nos colocou, e amamos a humanidade que o habita, com todos os seus dramas e as suas dificuldades, com todos os seus anseios e as suas esperanças, com os seus valores e a sua fragilidade. A Terra é a nossa casa comum e todos somos irmãos.

Ainda que a ordem justa da sociedade e do Estado seja a tarefa principal da política, a Igreja não pode nem deve permanecer à margem da luta pela justiça.

Todos os cristãos, também os Pastores, são chamados a se preocuparem com a construção de um mundo melhor.

Evangelii gaudium, n. 182-183.

A vida consagrada

Devemos ser homens e mulheres consagrados, não para nos afastarmos das pessoas e ter todas as comodidades, e sim para nos aproximarmos e compreendermos a vida dos cristãos e dos não cristãos, o sofrimento, os problemas, as tantas coisas que são compreendidas somente se um homem e uma mulher consagrados tornam-se próximos: na proximidade.

"Mas, Padre, eu sou uma irmã de clausura, o que devo fazer?". Pensem em Santa Teresa do Menino Jesus, padroeira das missões que, com seu coração ardente, era próxima, e as cartas que recebia dos missionários a faziam mais próxima das pessoas. Proximidade.

Tornar-se consagrado não significa subir um, dois, três degraus na sociedade. É verdade, tantas vezes ouvimos os genitores: "Sabe,

Padre, tenho uma filha freira, tenho um filho frade!". E o dizem com orgulho. E é verdade! É uma satisfação para os genitores ter os filhos consagrados, isto é verdade. Mas para os consagrados não é um status de vida que faça olhar os outros com distanciamento.

A vida consagrada deve levar à proximidade das pessoas: à proximidade física, à proximidade espiritual, a conhecer as pessoas.

— Ah, sim, Padre, na minha comunidade a madre superiora nos deu permissão para sair, caminhar nos bairros pobres com as pessoas...

— E na sua comunidade há freiras anciãs?

— Sim, sim...

— E quantas vezes por dia você vai encontrar as suas freiras, as anciãs, que podem ser sua mamãe ou avó?

— Mas sabe, Padre, estou muito ocupada no trabalho e não consigo ir...

Proximidade! Qual é o primeiro próximo de um consagrado ou de uma consagrada? O irmão ou a irmã da comunidade. E também uma proximidade afetuosa, boa, amorosa.

Um modo de afastar-se dos irmãos e das irmãs da comunidade é precisamente este: o terrorismo dos falatórios. Ouçam bem: não os falatórios, o terrorismo dos falatórios. Porque quem tagarela é um terrorista. É um terrorista dentro da própria comunidade, porque joga como uma bomba a palavra contra isso, contra aquilo e depois vai embora tranquilo.

Discurso, 1º de fevereiro de 2016.

Castidade "fecunda"

A castidade, como carisma precioso, alarga a liberdade da dádiva a Deus e aos outros, com a ternura da misericórdia, a vizinhança de Cristo.

A castidade pelo Reino dos Céus mostra como a afetividade tem seu lugar na liberdade madura e torna-se um sinal do mundo futuro, para fazer resplandecer sempre o primado de Deus. Mas, por favor, uma castidade "fecunda", uma castidade que gera filhos espirituais na Igreja.

A consagrada é mãe, deve ser mãe e não "solteirona"! Desculpem-me se falo desse modo, mas é importante essa maternidade da vida consagrada, essa fecundidade!

Que essa alegria da fecundidade espiritual anime a sua existência; sejam mães, como figura de Maria Mãe e da Igreja Mãe. Não se pode entender Maria sem a sua maternidade, não se pode compreender a Igreja sem a sua maternidade, e vocês são ícones de Maria e da Igreja.

Discurso aos superiores gerais, 8 de maio de 2013.

O dom do celibato

A Igreja Católica tem padres casados, não? Os católicos gregos, os católicos coptas... Há, no rito oriental, há padres casados.

Porque o celibato não é um dogma de fé, é uma regra de vida que aprecio muito e creio que seja uma dádiva para a Igreja. Não sendo um dogma de fé, há sempre a porta aberta: neste momento, com Bartolomeu, não falamos sobre isso como programa, ao menos de imediato. Temos de empreender coisas maiores. Com Bartolomeu não se tocou nesse tema, porque é secundário, em verdade, nas relações com os ortodoxos.

Conferência jornalística durante o voo de retorno da Terra Santa, 26 de maio de 2014.

Obediência e docilidade

Às vezes Deus pode conceder o dom da sabedoria a um jovem inexperiente, basta que ele esteja disponível para percorrer a via da obediência e da docilidade ao Espírito. Essa obediência e essa docilidade não são um fato teórico, estão, sim, submetidas à lógica da encarnação do Verbo. Trata-se de docilidade e obediência concretas.

Por meio do caminho perseverante na obediência, amadurece a sabedoria pessoal e comunitária e assim torna-se também possível correlacionar as regras aos tempos: a verdadeira "atualização", de fato, é obra da sabedoria, moldada na docilidade e na obediência.

O fortalecimento e a renovação da vida consagrada chegam por um grande amor à regra e também pela capacidade de contemplar e escutar os mais velhos da congregação. Assim, o "depósito", o carisma de cada família religiosa é guardado ao mesmo tempo pela obediência e pela sabedoria.

Por meio desse caminho somos preservados de viver nossa consagração de uma maneira *light*, de uma maneira desencarnada, como se fosse uma gnose, que reduziria a vida religiosa a uma "caricatura", uma caricatura na qual se efetua uma sucessão sem renúncia, uma oração sem encontro, uma vida fraterna sem comunhão, uma obediência sem confiança e uma caridade sem transcendência.

Guiemos as pessoas a Jesus deixando-nos, por nossa vez, guiarmo--nos por Ele. É o que devemos ser: guias guiados.

Homilia, 2 de fevereiro de 2015.

As mulheres na Igreja

Não há problema algum numa mulher — uma religiosa ou uma laica — proferir um sermão numa Liturgia da Palavra. Não há problema. Mas na Celebração Eucarística há um problema litúrgico--dogmático, porque a celebração é uma unidade — e Aquele que a preside é Jesus Cristo. O sacerdote ou o bispo que presidem o fazem na pessoa de Jesus Cristo. Naquela situação, não havendo a ordenação das mulheres, elas não podem presidir. Mas pode-se estudar mais e explicar melhor isso que, com muita rapidez e um pouco de simplicidade, acabei de dizer.

As mulheres consagradas já trabalham muito com os pobres, fazem muitas coisas. Com relação ao problema do diaconato permanente, alguém poderá dizer que as "diaconisas permanentes" na vida da Igreja são as freiras! De fato, isso ocorria na Antiguidade: era o início... Recordo que um teólogo sírio me explicou que nos primeiros tempos da Igreja havia algumas "diaconisas".

Parece que o papel das "diaconisas" era ajudar no batismo das mulheres; na imersão, elas batizavam, pelo decoro. Também faziam as unções sobre o corpo das mulheres, no batismo. E também uma coisa curiosa: quando havia um julgamento matrimonial, porque o marido batia na mulher e ela ia ao bispo lamentar-se, as diaconisas eram as encarregadas de ver os hematomas deixados no corpo da mulher pelo espancamento do marido e de informar o bispo.

Eu gostaria de constituir uma comissão oficial que possa estudar a questão: creio que fará bem à Igreja esclarecer este ponto.

Discurso, 12 de maio de 2016.

3

Homem e mulher

O modo de ver um problema, de ver qualquer coisa,
de uma mulher é diferente do modo de ver de um homem.
Devem ser complementares.
Audiência, 12 de maio de 2016.

Reciprocidade dos papéis

Na configuração do próprio modo de ser, feminino ou masculino, não confluem somente fatores biológicos ou genéticos, mas também uma multiplicidade de elementos relativos ao temperamento, à história familiar, à cultura, às experiências vividas, à formação recebida, às influências de amigos, familiares e pessoas admiradas e a outras circunstâncias concretas que exigem um esforço de adaptação.

É verdade que não podemos separar o que é masculino e feminino da obra criada por Deus, que é anterior a todas as nossas decisões e experiências e na qual há elementos biológicos impossíveis de ignorar. Porém, também é verdade que o masculino e o feminino não são algo rígido.

Por isso é possível, por exemplo, que o modo de ser masculino do marido possa adaptar-se com flexibilidade à condição de trabalho da mulher. Encarregar-se de tarefas domésticas ou de alguns aspectos do crescimento dos filhos não o torna menos masculino nem significa um fracasso, uma capitulação ou uma vergonha. É preciso ajudar as crianças a aceitarem como normais esses saudáveis intercâmbios, que não tiram nenhuma dignidade da figura paterna.

A rigidez torna-se um exagero do masculino ou do feminino e não educa as crianças e os jovens para a reciprocidade encarnada nas condições reais do matrimônio. Essa rigidez, por seu lado, pode impedir o desenvolvimento das capacidades de cada um, a ponto de chegar a considerar pouco masculino dedicar-se à arte ou à dança e pouco feminino desempenhar um encargo de chefia.

Graças a Deus, isso mudou; mas, em alguns lugares, certas ideias inadequadas continuam a condicionar a legítima liberdade e a mutilar o autêntico desenvolvimento da identidade concreta dos filhos e de suas potencialidades.

Amoris laetitia, n. 286.

Em princípio

Eis o sonho de Deus para a sua criatura dileta: vê-la realizada na união de amor entre homem e mulher; feliz no caminho comum; fecunda na doação recíproca. É o mesmo desígnio que Jesus, no Evangelho de hoje, resume com estas palavras: "No entanto, desde o princípio da Criação Deus os fez homem e mulher. Por isso, o homem deixará pai e mãe e se unirá à sua mulher e os dois formarão uma só carne; assim, já não são dois, mas uma só carne" (*Mc* 10, 6-8).

Jesus, perante a pergunta retórica que Lhe foi feita, se era permitido ao homem despedir sua mulher (*Mc* 10, 3-4) — provavelmente como uma armadilha, para fazê-Lo, sem mais, parecer antipático à multidão que O seguia e que praticava o divórcio como uma realidade consolidada e inviolável —, responde de maneira franca e inesperada: leva tudo de volta à origem, à origem da criação para nos ensinar que Deus abençoa o amor humano. É Ele que une os corações de um homem e de uma mulher que se amam e une-os na unidade e na indissolubilidade.

Isso significa que o objetivo da vida conjugal não é apenas viver junto para sempre, mas amar-se para sempre! Jesus restabelece assim a ordem originária e originadora.

"Portanto, o que Deus uniu, o homem não separe!" (*Mc* 10, 9). É uma exortação aos crentes para superar toda a forma de individualismo e de legalismo, que escondem um egoísmo mesquinho e o medo de aderir ao significado autêntico do casal e da sexualidade humana no projeto de Deus.

Homilia, 4 de outubro de 2015.

O DOM DA MATERNIDADE

Muitas coisas podem mudar e mudaram na evolução cultural e social, mas permanece o fato de que a mulher concebe, carrega no colo e dá à luz os filhos dos homens. E isso não é simplesmente um dado biológico, mas comporta uma riqueza de implicações seja para a própria mulher, para seu modo de ser, seja para as suas relações, para o modo de se posicionar diante da vida humana e da vida em geral. Chamando a mulher à maternidade, Deus lhe confiou, de uma maneira de todo especial, o ser humano.

Aqui, porém, há dois perigos sempre presentes, dos extremos opostos que mortificam a mulher e a sua vocação. O primeiro é reduzir a maternidade a um papel social, a uma tarefa, ainda que nobre, mas que de fato põe de lado a mulher com suas potencialidades, não a valoriza plenamente na construção da comunidade. Isso ocorre seja em âmbito civil, seja em âmbito religioso.

E, como reação a isso, há o outro perigo, em sentido oposto, o de promover uma espécie de emancipação que, para ocupar os espaços subtraídos ao masculino, abandona o feminino com os traços preciosos que o caracterizam.

E aqui gostaria de salientar como a mulher tem uma sensibilidade particular para as "coisas de Deus", sobretudo no modo como ajuda a compreender a misericórdia, a ternura e o amor que Deus tem por nós. Agrada-me também pensar que a Igreja não é "ele" Igreja, é "a" Igreja. A Igreja é mulher, é mãe, e isso é belo. Vocês devem pensar e aprofundar esse tema.

Também na Igreja é importante perguntar-se: qual a presença da mulher? Eu sofro quando vejo na Igreja ou em algumas organizações religiosas que o papel de serviço da mulher — que todos desempenhamos e devemos desempenhar — resvala para um papel de servidão. Quando vejo mulheres desempenhando tarefas de servidão, é porque não se compreende bem aquilo que uma mulher deve fazer. Que presença tem a mulher na Igreja? Pode ser melhor valorizada?

Discurso, 12 de outubro de 2013.

A aliança entre homem e mulher

Ao homem faltava algo para chegar à sua plenitude, faltava-lhe reciprocidade. A mulher não é uma "réplica" do homem; ela vem diretamente do gesto criador de Deus.

A imagem da "costela" não exprime, de fato, inferioridade ou subordinação, mas, ao contrário, que homem e mulher são da mesma substância, são complementares e têm também essa reciprocidade. E o fato de que Deus plasme a mulher enquanto o homem dorme salienta exatamente que ela não é de modo algum uma criatura do homem, mas de Deus. Sugere também uma outra coisa: para encontrar a mulher — e podemos dizer para encontrar o amor da mulher —, o homem primeiro deve sonhá-la e, depois, a encontrar.

O pecado gera desconfiança e divisão entre o homem e a mulher. Sua relação será minada por mil formas de prevaricação e de submissão, de sedução enganosa e prepotência humilhante, até as mais dramáticas e violentas. A história guarda os traços de tudo isso.

Pensemos, por exemplo, nos excessos negativos das culturas patriarcais. Pensemos nas múltiplas formas de machismo em que a mulher era considerada de segunda classe. Pensemos na instrumentalização e comercialização do corpo feminino na atual cultura midiática. Mas pensemos também na recente epidemia de desconfiança, de ceticismo e até de hostilidade que se difunde na nossa cultura — em particular, a partir de uma compreensível desconfiança das mulheres — em relação a uma aliança entre homem e mulher que seja capaz de, ao mesmo tempo, afinar a intimidade da comunhão e proteger a dignidade da diferença.

Audiência, 22 de abril de 2015.

Os mesmos direitos

O matrimônio consagrado por Deus protege o vínculo entre homem e mulher que Deus abençoou desde a criação do mundo, e é fonte de paz e de bem para a inteira vida conjugal e familiar. Por exemplo, nos primeiros tempos do Cristianismo, essa grande dignidade do vínculo entre o homem e a mulher derrubou um abuso considerado então de todo normal, ou seja, o direito de os maridos repudiarem as mulheres, mesmo com os motivos mais despropositados e humilhantes. O Evangelho da família, o Evangelho que anuncia exatamente esse Sacramento, derrubou essa cultura de repúdio habitual.

A semente cristã da igualdade radical entre os cônjuges deve atualmente trazer novos frutos. O testemunho da dignidade social do matrimônio se tornará persuasivo exatamente por essa via, a via do testemunho que atrai, a via da reciprocidade entre eles, da complementaridade entre eles.

Por isso, como cristãos, devemos nos tornar mais exigentes a esse respeito. Por exemplo: sustentar com firmeza o direito a pagamento igual por trabalho igual. Por que se parte do princípio de que as mulheres devem ganhar menos do que os homens? Não! Elas têm os mesmos direitos. A disparidade é um puro escândalo! Ao mesmo tempo, devemos reconhecer como riqueza sempre válida a maternidade das mulheres e a paternidade dos homens, em benefício, sobretudo, das crianças.

Audiência, 29 de abril de 2015.

Um olhar diferente

Hoje, 8 de março, saúdo todas as mulheres! Todas as mulheres que, todos os dias, procuram construir uma sociedade mais humana e acolhedora. E um obrigado fraterno também àquelas que, de mil modos, testemunham o Evangelho e trabalham na Igreja. E esta é, para nós, uma ocasião para reiterar a importância e a necessidade de sua presença na vida.

Um mundo onde as mulheres são marginalizadas é um mundo estéril, porque as mulheres não somente têm o dom da vida, mas nos transmitem a capacidade de compreender o mundo com olhos diferentes, de sentir as coisas com coração mais criativo, mais paciente, mais terno.

Uma oração e uma bênção particular para todas as mulheres presentes na praça e para todas as mulheres!

Angelus, 8 de março de 2015.

Aprender a amar

A aliança de amor entre o homem e a mulher, aliança para a vida, não se improvisa, não se faz de um dia para o outro. Não há o matrimônio "*express*": é preciso trabalhar sobre o amor, é preciso caminhar. A aliança de amor do homem e da mulher aprende-se e afina-se.

Permito-me dizer que é uma aliança artesanal. Fazer de duas vidas uma única vida é também quase um milagre, um milagre da liberdade e do coração, confiado à fé.

Talvez devêssemos nos empenhar mais nesse ponto, porque as nossas "coordenadas sentimentais" têm andado um pouco confusas. Quem pretende querer tudo e rápido, depois cede também a tudo — e rápido — à primeira dificuldade (ou na primeira ocasião).

Não há esperança para a confiança e a fidelidade da dádiva de si, se prevalece o hábito de consumar o amor como uma espécie de "integrador" do bem-estar psicofísico. O amor não é isso!

O noivado põe à prova a vontade de proteger juntos algo que não deverá jamais ser comprado ou vendido, traído ou abandonado, por mais atraente que possa ser a oferta.

Audiência, 27 de maio de 2015.

4

Sexualidade

A linguagem do corpo requer o aprendizado paciente que permite interpretar e educar os próprios desejos para doar-se verdadeiramente.

Amoris laetitia, n. 284.

O amor banalizado

Ao convidá-los a redescobrir a beleza da vocação humana ao amor, exorto-os também a rebelarem-se contra a tendência difusa de banalizar o amor, sobretudo quando se procura reduzi-lo somente ao aspecto sexual, desvinculando-o, assim, de suas características essenciais de beleza, comunhão, fidelidade e responsabilidade.

Queridos jovens, na cultura do provisório, do relativo, muitos pregam que o importante é "gozar" o momento, que não vale a pena comprometer-se por toda a vida, fazer escolhas definitivas, "para sempre", porque não se sabe o que o amanhã nos reserva.

Eu, ao contrário, peço-lhes para serem revolucionários, peço-lhes para andarem contra a corrente; sim, peço-lhes para se rebelarem contra essa cultura do provisório que, no fundo, considera que vocês sejam inaptos a assumir responsabilidades, considera que vocês não sejam capazes de amar verdadeiramente. Tenho confiança em vocês, jovens, e rezo por vocês.

Tenham a coragem de caminhar contra a corrente. E tenham também a coragem de serem felizes.

Mensagem para a XXX Jornada Mundial da Juventude, 31 de janeiro de 2015.

O erotismo e a dignidade da oração

O próprio Deus criou a sexualidade, que é um presente maravilhoso para as suas criaturas. Quando se cultiva e evita que falte o controle, impede-se que ocorra o empobrecimento de um valor autêntico.

São João Paulo II rejeitou a ideia de que o ensinamento da Igreja leve a uma negação do valor do sexo humano ou que simplesmente o tolere pela necessidade da procriação.

Àqueles que temem que, com a educação das paixões e da sexualidade, seja prejudicada a espontaneidade do amor sexual, São João Paulo II respondia que o ser humano é chamado à plena e madura espontaneidade das relações, que é o fruto gradual do discernimento dos impulsos do próprio coração.

É algo que se conquista, pois todo ser humano deve, com perseverança e coerência, aprender o significado do corpo. A sexualidade não é um recurso para gratificar ou entreter, é uma linguagem interpessoal em que o outro é levado a sério, com seu valor sagrado e inviolável. Desse modo, o coração humano se torna partícipe, por assim dizer, de uma outra espontaneidade.

Nesse contexto, o erotismo aparece como uma manifestação especificamente humana da sexualidade. Nele se pode reencontrar o significado esponsal do corpo e a autêntica dignidade da doação.

O erotismo mais saudável, se bem que esteja ligado a uma procura de prazer, supõe a admiração e, por isso, pode humanizar os impulsos.

Amoris laetitia, n. 150, 152.

Desvio da sexualidade

De nenhum modo podemos entender a dimensão erótica do amor como um mal permitido ou como um peso que deve ser tolerado pelo bem da família, mas sim como dom de Deus que embeleza o encontro entre os cônjuges.

Tratando-se de uma paixão sublimada pelo amor que admira a dignidade do outro, torna-se uma afirmação amorosa plena e cristalina que nos mostra de quais maravilhas é capaz o coração humano e, assim, por um momento, percebe-se que a existência humana foi um sucesso.

No contexto dessa visão positiva da sexualidade, é oportuno apresentar o tema em sua integridade e com um realismo saudável. De fato, não podemos ignorar que, muitas vezes, a sexualidade se despersonaliza e também se cumula de patologias, de modo que se torna cada vez mais ocasião e instrumento de afirmação do próprio eu e de satisfação egoísta dos próprios desejos e instintos.

Nesta época, torna-se alto o risco de que também a sexualidade seja dominada pelo espírito venenoso do "usa e joga fora". Frequentemente, o corpo do outro é manipulado como uma coisa que se conserva enquanto oferece satisfação e se despreza quando perde a atração.

Pode-se, porventura, ignorar e dissimular as constantes formas de domínio, prepotência, abuso, perversão e violência sexual, que resultam de uma distorção do significado da sexualidade e sepultam a dignidade dos outros e o apelo ao amor sob uma obscura procura de si próprios?

Amoris laetitia, n. 152-153.

Se o amor transforma-se em domínio

Mesmo no matrimônio, a sexualidade pode tornar-se fonte de sofrimento e manipulação. Por isso, devemos reiterar, claramente, que um ato conjugal imposto ao cônjuge sem nenhuma consideração pelas suas condições e por seus desejos legítimos não é um verdadeiro ato de amor e nega, por isso mesmo, a exigência de uma correta ordem moral nas relações entre os cônjuges.

Os atos próprios da união sexual dos cônjuges correspondem à natureza da sexualidade querida por Deus, se forem vividos de modo verdadeiramente humano.

Por isso, São Paulo exortava: "Neste assunto, ninguém prejudique ou lese o irmão" (*1 Ts* 4, 6). Não obstante ele escrevesse numa época na qual dominava uma cultura patriarcal, na qual a mulher era considerada um ser completamente subordinado ao homem, todavia ensinou que a sexualidade deve ser uma questão a ser tratada entre os cônjuges: levantou a possibilidade de adiar as relações sexuais por um certo período, mas de "comum acordo" (*1 Cor* 7, 5).

São João Paulo II fez uma advertência muito sutil quando afirmou que o homem e a mulher são ameaçados pela insaciabilidade. Vale dizer, são chamados a uma união cada vez mais intensa, mas correm o risco de pretender apagar as diferenças e a inevitável distância que há entre os dois. De fato, cada um possui uma dignidade própria e única. Quando o precioso pertencimento recíproco se transforma em domínio, muda essencialmente a estrutura de comunhão na relação interpessoal.

Na lógica do domínio, o dominador também termina por negar a própria dignidade e, em definitivo, cessa de identificar-se subjetivamente com o próprio corpo, porque o priva de todo significado. Vive o sexo como evasão de si mesmo e renúncia à beleza da união.

Amoris laetitia, n. 154, 155.

Mensagens negativas sobre os jovens

É difícil pensar a educação sexual numa época em que se tende a banalizar e empobrecer a sexualidade. Ela só poderia ser entendida no contexto de uma educação para o amor, para a doação recíproca. Assim, a linguagem da sexualidade não acabaria tristemente empobrecida, mas iluminada.

É possível cultivar o impulso sexual num percurso de conhecimento de si mesmo e no desenvolvimento de uma capacidade de autodomínio, que possam ajudar a fazer emergir capacidades preciosas de alegria e encontro amoroso.

A educação sexual oferece informação, mas sem esquecer que as crianças e os jovens ainda não alcançaram a plena maturidade. A informação deve chegar no momento apropriado e de modo adequado à fase em que vivem. Não é útil saturá-los de dados sem o desenvolvimento de um sentido crítico perante uma invasão de propostas, perante a pornografia descontrolada e a sobrecarga de estímulos que podem mutilar a sexualidade.

Os jovens devem ter a oportunidade de perceber que são bombardeados por mensagens que não procuram o seu bem e o seu amadurecimento. Eles devem ser ajudados a reconhecer e a procurar as influências positivas, ao mesmo tempo que se afastam de tudo o que deforma sua capacidade de amar.

Tem valor imenso uma educação sexual que proteja um pudor sadio, embora hoje alguns considerem isso algo antiquado. É uma defesa natural da pessoa que protege a própria interioridade e evita transformar-se em puro objeto. Sem o pudor, podemos reduzir o afeto e a sexualidade a obsessões que nos concentram apenas nos órgãos genitais, a morbidezas que deformam a nossa capacidade de amar e a diversas formas de violência sexual que nos levam a sermos tratados de forma desumana ou a prejudicar os outros.

Amoris laetitia, n. 280-282.

Eu sempre disse que fazer muros não é uma solução: já vimos um cair, no século passado. Não resolve nada. Devemos fazer pontes. Mas as pontes se fazem com inteligência, com diálogo, com integração.

5

Famílias e futuro

Ninguém pode pensar que enfraquecer a família como sociedade natural, fundada no matrimônio, beneficie a sociedade.
Twitter, 9 de abril de 2016.

Proteger a família

Todas as mães e todos os pais sonharam com seu filho por nove meses. É impossível uma família sem o sonho. Quando numa família se perde a capacidade de sonhar, as crianças não crescem e o amor não cresce, a vida se enfraquece e se apaga. Por isso recomendo-lhes que, à noite, quando fizerem exame de consciência, que façam também esta pergunta: hoje sonhei o futuro dos meus filhos? Hoje sonhei o amor de meu esposo, de minha esposa? Hoje sonhei meus pais, meus avós que fizeram a história chegar até mim?

E quantas dificuldades na vida dos cônjuges se resolvem se nós conservamos um espaço para o sonho, se nos detemos a pensar no cônjuge e sonhamos a bondade das coisas boas. Por isso é muito importante recuperar o amor por meio do "projeto" de todos os dias. Jamais deixem de ser noivos!

A cada um de vocês e de nós — porque também sou filho de uma família — é confiado o plano de Deus para ser levado adiante. O anjo do Senhor revelou a José os perigos que ameaçavam Jesus e Maria, obrigando-os a fugirem para o Egito para então se estabelecerem em Nazaré. E o mesmo ocorre no nosso tempo. Deus nos chama para reconhecer os perigos que ameaçam nossas famílias e para protegê-las do mal.

Fiquemos atentos às novas colonizações ideológicas. Existem colonizações ideológicas que procuram destruir a família. Não nascem do sonho, da oração, do encontro com Deus, da missão que Deus nos dá, vêm de fora e por isso digo que são colonizações.

Não percamos a liberdade da missão que Deus nos dá, a missão da família. E assim como os nossos povos, num momento da sua história, chegaram à maturidade de dizer "não" a qualquer colonização política, como famílias devemos ser muito sagazes, muito hábeis, muito fortes, para dizer "não" a qualquer tentativa de colonização ideológica da família.

Discurso, 16 de janeiro de 2015.

Esperança e futuro

Exprimo minha apreciação por ter associado à família a ideia de esperança e de futuro. Isso é verdade! Mas, para a comunidade cristã, a família é muito mais do que um "tema": é vida, é estrutura diária, é caminho de gerações que transmitem a fé junto com o amor e os valores morais fundamentais, é solidariedade concreta, esforço, paciência e também projeto, esperança, futuro. Tudo isso, que a comunidade cristã vive na luz da fé, da esperança e da caridade, jamais é guardado para si, mas se torna todo dia o fermento na massa de toda a sociedade para o seu maior bem comum.

A família é escola privilegiada de generosidade, de partilha, de responsabilidade, escola que educa a superar uma mentalidade individualista que ganhou espaço na nossa sociedade.

Sustentar e promover as famílias, valorizando seu papel fundamental e central, é trabalhar por um desenvolvimento justo e solidário.

Mensagem, setembro de 2013.

Crise cultural

A família atravessa uma crise cultural profunda, como todas as comunidades e relações sociais.

No caso da família, a fragilidade das relações torna-se particularmente grave, porque se trata da célula fundamental da sociedade, do lugar onde se deve aprender a conviver na diferença e a pertencer a outros e onde os genitores transmitem a fé aos filhos.

O matrimônio tende a ser visto como uma mera forma de gratificação afetiva que pode constituir-se de qualquer maneira e modificar-se segundo a sensibilidade de cada um. Mas a contribuição indispensável do matrimônio à sociedade supera o nível da emotividade e das necessidades contingentes do casal.

Como ensinam os bispos franceses, o matrimônio não nasce "do sentimento amoroso, efêmero por definição, mas da profundidade do compromisso assumido pelos noivos que aceitam entrar numa comunhão de vida total".

Evangelii gaudium, n. 66.

Unidade e diferença

Como Igreja, oferecemos uma ideia da família que é a do livro de Gênesis, da unidade na diferença entre homem e mulher e da sua fecundidade. Nessa realidade, além disso, reconhecemos um bem para todos, a primeira sociedade natural, como é compreendido também na Constituição da República Italiana.

Queremos reafirmar que a família, assim entendida, permanece o primeiro e o principal sujeito construtor da sociedade e de uma economia à medida do homem, e como tal merece ser intensamente apoiada.

As consequências, positivas ou negativas, das escolhas, sobretudo de caráter cultural e também de caráter político relativas à família, tocam os diversos âmbitos da vida de uma sociedade e de um país: do problema demográfico — grave para todo o continente europeu e de modo particular para a Itália — às outras questões relativas ao trabalho e à economia em geral, ao crescimento dos filhos, inclusive àquelas que dizem respeito à mesma visão antropológica que está na base da nossa civilização.

Mensagem, setembro de 2013.

Com licença, obrigado, desculpe

"Com licença?", "obrigado", "desculpe". Essas palavras abrem o caminho para se viver bem na família, para se viver em paz. São palavras simples, mas não tão simples para se colocar em prática! Contêm uma grande força: a força de proteger a casa, inclusive por meio de mil dificuldades e provas; ao contrário, sua falta, pouco a pouco, abre fissuras que podem até fazê-la desabar.

Em relação à expressão "com licença", quando nos preocupamos em pedir gentilmente, inclusive aquilo que acreditamos ser direito nosso, fortalecemos o espírito da convivência matrimonial e familiar. Entrar na vida do outro, mesmo quando faz parte da nossa vida, requer a delicadeza de um comportamento não invasivo, que renova a fé e o respeito. A confiança, em suma, não autoriza a tomar tudo como previsível.

Em relação à palavra "obrigado", algumas vezes parece que estamos nos tornando uma civilização de maus modos e más palavras, como se elas fossem sinal de emancipação. Escutamos essas palavras muitas vezes, inclusive publicamente. A gentileza e a capacidade de agradecer são vistas como um sinal de fraqueza, por vezes suscitam inclusive desconfiança. Essa tendência deve ser combatida no seio da família. Se a vida familiar deixar de se importar com isso, a vida social também sairá perdendo.

Em relação à palavra "desculpe", é uma palavra difícil, mas certamente necessária. Quando falta essa palavra, pequenas rachaduras se alargam até se tornarem valas profundas. Reconhecer ter errado, desejar restituir aquilo que se tirou — respeito, sinceridade, amor — torna-nos dignos do perdão. E assim acaba a infecção.

Se não somos capazes de nos desculpar, significa que não somos capazes nem mesmo de perdoar. Na casa onde não se pede desculpa, começa a faltar ar, as águas ficam estagnadas. Muitas feridas dos afetos, muitas dilacerações nas famílias começam com a perda dessa palavra preciosa.

Audiência, 13 de maio de 2015.

O heroísmo das famílias

Diante da doença, também em família surgem dificuldades por causa da fraqueza humana. Mas, em geral, o tempo da doença faz crescer a força dos laços familiares. E penso como é importante educar os filhos, desde pequenos, para a solidariedade em época de doença.

Uma educação que dá lugar à insensibilidade pela doença humana endurece o coração. E leva os jovens a sentirem-se "anestesiados" diante do sofrimento de outrem, incapazes de confrontarem-se com o sofrimento e de viverem a experiência do limite.

Quantas vezes vemos chegar ao trabalho um homem, uma mulher, com um rosto cansado, com um jeito exausto, e quando lhe perguntam:

— O que está acontecendo?

A resposta é:

— Dormi somente duas horas, porque em casa fazemos turnos para ficarmos perto do bebê, do doente, do avô, da avó.

E o dia continua com o trabalho.

Essas coisas são heroicas, são o heroísmo das famílias! Esse heroísmo escondido, praticado com ternura e coragem quando em casa há alguém doente.

A fraqueza e o sofrimento dos nossos afetos mais caros e mais sagrados podem ser, para os nossos filhos e os nossos netos, uma escola de vida — é importante educar os filhos, os netos a compreenderem a solidariedade na doença em família — e tornam-se essa escola de vida quando os momentos da doença são acompanhados pela oração e proximidade afetuosa e carinhosa dos familiares.

A comunidade cristã sabe muito bem que a família, na provação da doença, não deve ser deixada sozinha. E devemos dizer graças ao Senhor pelas belas experiências de fraternidade religiosa que ajudam as famílias a atravessar o difícil momento da dor e do sofrimento.

Essa proximidade cristã, de família para a família, é um verdadeiro tesouro para a paróquia; um tesouro de sabedoria, que ajuda as famílias nos momentos difíceis e faz compreender o Reino de Deus melhor do que muitos discursos! São carícias de Deus.

Audiência, 19 de junho de 2015.

Família e matrimônio

A família é o centro natural da vida humana e da sociedade. Estamos preocupados com a crise da família em muitos países. Ortodoxos e católicos compartilham o mesmo conceito de família e são chamados a testemunhar que ela é um caminho de santidade, que testemunha a fidelidade dos cônjuges em suas relações recíprocas, a sua abertura à procriação e à educação dos filhos, a solidariedade entre as gerações e o respeito pelos mais fracos.

A família funda-se sobre o matrimônio, ato livre e fiel de amor de um homem e de uma mulher. É o amor que sela a sua união e ensina-lhes a acolher um ao outro como dádivas. O matrimônio é uma escola de amor e de fidelidade.

Lamentamos que outras formas de convivência sejam agora postas no mesmo nível dessa união, enquanto o conceito de paternidade e de maternidade, como vocação particular do homem e da mulher no matrimônio, santificado pela tradição bíblica, seja excluído da consciência pública.

Declaração conjunta do Papa Francisco
e do patriarca Kirill de Moscou e de toda a Rússia,
12 de fevereiro de 2016.

6

Uniões civis e laicidade

O Papa não se imiscui na política italiana.
Conferência jornalística, 17 de fevereiro de 2016.

Pactos civis de convivência

Os Estados laicos querem justificar as uniões civis para regularizar diversas situações de convivência, levados pela exigência de regulamentar aspectos econômicos entre as pessoas, como por exemplo assegurar a assistência médica.

Trata-se de pactos de convivência de várias naturezas, dos quais eu não saberia elencar as diversas formas.

É preciso analisar os casos diversos e avaliá-los na sua variedade.

Entrevista ao Corriere della Sera, *5 de março de 2014.*

Discernimento de sabedoria da Igreja

No percurso sinodal sobre o tema da família, pudemos alcançar, em espírito e estilo de efetiva colegialidade, um discernimento de sabedoria aprofundado, graças ao qual a Igreja indicou ao mundo — entre outras coisas — que não pode haver confusão entre a família pretendida por Deus e qualquer outro tipo de união.

Quando a Igreja se propõe a declarar a verdade sobre o matrimônio no caso concreto, pelo bem dos fiéis, ao mesmo tempo tem sempre presente que as pessoas que, por livre escolha ou infelizes circunstâncias da vida, vivem em estado objetivo de erro continuam a ser objeto do amor misericordioso de Cristo e, por isso, da própria Igreja.

Portanto, a Igreja, com renovado sentido de responsabilidade, continua a propor o matrimônio, nos seus elementos essenciais — prole, bem dos cônjuges, unidade, indissolubilidade, sacralidade —, não como um ideal para poucos, não obstante os modernos modelos centrados sobre o efêmero e o transitório, mas como uma realidade que, na Graça de Cristo, pode ser vivida por todos os fiéis batizados.

E por isso, com razão maior, a urgência pastoral, que envolve todas as estruturas da Igreja, impele à convergência para um objetivo comum organizado para a preparação adequada ao matrimônio, numa espécie de novo catecumenato tão auspiciado por alguns Padres sinodais.

Discurso, 22 de janeiro de 2016.

Direito à objeção de consciência

O Parlamento deve discutir, argumentar, explicar, dar as razões, porque assim uma sociedade cresce. Uma vez a lei aprovada, o Estado deve respeitar as consciências.

O direito à objeção de consciência deve ser reconhecido no interior de toda estrutura jurídica, porque é um direito humano. Também para um funcionário público, que é uma pessoa humana.

O Estado também deve levar em consideração as críticas.

Entrevista a La Croix, *16 de maio de 2016.*

7

Convivências

Frequentemente os jovens preferem uma convivência e, muitas vezes, "com responsabilidade limitada".
Audiência, 29 de abril de 2015.

A recusa do vínculo

Em muitos contextos, e não apenas ocidentais, está se difundindo amplamente a prática da convivência que precede o matrimônio, ou também a de convivências não orientadas para assumir a forma de um vínculo institucional. Em vários países, a legislação facilita o desenvolvimento de uma multiplicidade de alternativas, de modo que um matrimônio com a conotação de exclusividade, indissolubilidade e abertura à vida termina por aparecer como uma proposta antiquada entre muitas outras.

Em vários países avança uma desconstrução jurídica da família, tendendo a adotar formas baseadas, quase exclusivamente, no paradigma da autonomia da vontade.

Ainda que seja legítimo e justo rejeitar velhas formas de família "tradicional", caracterizadas pelo autoritarismo e também pela violência, todavia isso não deveria levar ao desprezo pelo matrimônio, mas à redescoberta de seu verdadeiro sentido e à sua renovação. A força da família reside, essencialmente, na sua capacidade de amar e de ensinar a amar.

Por mais ferida que possa estar uma família, ela sempre pode crescer a partir do amor.

Amoris laetitia, n. 53.

O medo dos jovens

Correndo o risco de simplificar, poderemos dizer que vivemos numa cultura que impele os jovens a não formarem uma família, porque lhes faltam possibilidades para o futuro. E essa mesma cultura apresenta, para outros, muitas opções que também os dissuadem de formar uma família.

Em alguns países, muitos jovens, frequentemente, são induzidos a adiar o casamento por problemas de ordem econômica, de trabalho ou de estudo. Às vezes, também adiam por outros motivos, tal como pela influência das ideologias que desvalorizam o matrimônio e a família; pela experiência do fracasso de outros casais, à qual eles não querem se arriscar; pelo temor por algo que consideram demasiado grande e sagrado; por uma concepção meramente emotiva e romântica do amor; pelo medo de perder a liberdade e a autonomia; pela rejeição de tudo que possa ser entendido como institucional e burocrático.

Precisamos encontrar as palavras, as motivações e os testemunhos que nos ajudem a tocar as entranhas mais íntimas dos jovens, lá onde são mais capazes de generosidade, de compromisso, de amor e também de heroísmo, para convidá-los a aceitarem com entusiasmo e coragem o desafio do matrimônio.

Amoris laetitia, n. 40.

A missão dos Pastores

Os Padres consideraram que a situação particular de um matrimônio apenas civil, ou mesmo, ressalvadas as diferenças, também a situação de uma simples convivência — quando a união alcança uma notável estabilidade por meio de um vínculo público, caracterizando-se por afeto profundo, responsabilidade com a prole, capacidade de superar as dificuldades —, podem ser vistas como uma oportunidade para encaminhamento em direção ao Sacramento do matrimônio.

Por outro lado, é preocupante que muitos jovens, atualmente, não tenham confiança no matrimônio e convivam adiando indefinidamente o compromisso conjugal, enquanto outros põem fim ao compromisso assumido e logo instauram um novo.

Aqueles que fazem parte da Igreja precisam de uma atenção pastoral misericordiosa e encorajadora.

De fato, aos Pastores compete não apenas a promoção do matrimônio cristão, mas também o discernimento pastoral das situações de muitas pessoas que não vivem mais essa realidade, para entrar em diálogo pastoral com elas, a fim de evidenciar os elementos de sua vida que possam conduzir a uma maior abertura ao Evangelho do matrimônio na sua plenitude.

No discernimento pastoral convém identificar elementos que possam favorecer a evangelização e o crescimento humano e espiritual.

Amoris laetitia, n. 293.

O matrimônio como um luxo

Muitas vezes, a escolha do matrimônio civil ou, em diversos casos, da simples convivência não é motivada por preconceitos ou resistências face à união sacramental, mas por situações culturais ou contingentes. Nessas situações, poderão ser valorizados aqueles sinais de amor que, de algum modo, refletem o amor de Deus.

Sabemos que está em contínuo crescimento o número daqueles que, depois de terem vivido juntos por longo tempo, pedem a celebração do matrimônio na Igreja. Muitas vezes escolhe-se a simples convivência por causa da mentalidade geral contrária às instituições e aos compromissos definitivos, mas também porque se espera adquirir maior segurança existencial (trabalho e salário fixo).

Em outros países, as uniões são realmente muito numerosas, não só pela rejeição dos valores da família e do matrimônio, mas, sobretudo, pelo fato de que a cerimônia de casamento é percebida como um luxo, devido às condições sociais, de modo que a miséria material impele a viver uniões de fato.

No entanto, é preciso enfrentar todas essas situações de maneira construtiva, procurando transformá-las em oportunidades de caminho para a plenitude do matrimônio e da família à luz do Evangelho. Trata-se de acolhê-las e acompanhá-las com paciência e delicadeza.

É o que Jesus fez com a samaritana (cf. *Jo* 4, 1-26): dirigiu uma palavra ao seu desejo de amor verdadeiro para libertá-la de tudo o que obscurecia sua vida e guiá-la para a alegria plena do Evangelho.

Amoris laetitia, n. 294.

Família e convivência

Não é raro a própria família se tornar objeto descartável por causa de uma cultura individualista e egoísta cada vez mais difundida que rescinde os vínculos e tende a promover o dramático fenômeno da redução da natalidade ou, então, devido a legislações que privilegiam diversas formas de convivência em vez de sustentar, adequadamente, a família pelo bem de toda a sociedade.

Entre as causas de tais fenômenos há uma globalização uniformizadora que descarta as próprias culturas, rompendo, desse modo, os próprios fatores da identidade de cada povo que constituem a herança imprescindível subjacente a um desenvolvimento social saudável.

Num mundo uniformizado e privado de identidade, é fácil aproveitar o drama e o desencorajamento de muitas pessoas que perderam, literalmente, o sentido da vida. Esse drama é agravado pela crise econômica contínua, que gera desconfiança e favorece os conflitos sociais.

Discurso, 12 de janeiro de 2015.

8
Matrimônio

O matrimônio é entre um homem e uma mulher.
Entrevista ao Corriere della Sera, *5 de março de 2014.*

Preparação ao matrimônio

Uma das preocupações é a preparação para o matrimônio. Para se tornar Padre, são oito anos de estudo, de preparação e, depois de um certo tempo, se você não consegue continuar, você pede dispensa, vai embora, e está tudo bem. Ao contrário, para fazer um sacramento que é para toda a vida, três, quatro palestras...

O preparo para o matrimônio é muito, muito importante, pois acredito que seja algo que a Igreja, na pastoral comum — ao menos em meu país, na América do Sul —, não valorizou muito.

Por exemplo — agora nem tanto, mas, há alguns anos —, na minha pátria, havia o hábito de... chamava-se "*casamiento de apuro*": casar-se depressa porque ia chegar um bebê. E casar-se depressa para cobrir socialmente a honra da família... Ali os noivos não eram livres e muitas vezes esses matrimônios eram anulados. E eu, como bispo, proibi os sacerdotes de fazerem isso... Que venha a criança, que continuem noivos e quando sentirem que querem continuar juntos a vida toda, que sigam em frente.

Contudo, há uma carência na preparação para o matrimônio. E há também outro tema, muito interessante: a educação dos filhos. Eles são as maiores vítimas dos problemas de que a família padece. Assim, por exemplo, quando o marido, a mulher ou ambos precisam trabalhar, os filhos são vítimas desse fato.

Conferência jornalística durante o voo de retorno do México,
17 de fevereiro de 2016.

Os jovens e o matrimônio

Cada vez menos pessoas se casam. Este é um fato: os jovens não querem se casar. Em muitos países aumenta, ao invés, o número de separações, enquanto diminui o número de filhos. A dificuldade em permanecer juntos — seja como casal, seja como família — leva a romper os laços com frequência e rapidez cada vez maior e, justamente, os filhos são os primeiros a sofrer as consequências. No entanto, pensamos que as primeiras vítimas, as vítimas mais importantes, as vítimas que mais sofrem numa separação são os filhos. Se você vivencia, desde pequeno, que o matrimônio é uma ligação "com tempo determinado", inconscientemente, para você, o matrimônio será assim.

De fato, muitos jovens são levados a renunciar ao próprio projeto de uma ligação irrevogável e de uma família duradoura. Creio que devemos refletir com grande seriedade sobre a razão pela qual tantos jovens "não estão dispostos" a se casar. É essa cultura do provisório... Tudo é provisório, parece não haver nada definitivo.

O fato de os jovens não quererem se casar é uma das preocupações que emergem nos dias atuais: por que os jovens não se casam? Por que não têm confiança na família?

Na realidade, quase todos os homens e mulheres gostariam de uma segurança afetiva estável, um matrimônio sólido e uma família feliz. A família está no topo de todos os índices de aprovação entre os jovens; mas, por medo de errarem, muitos não querem sequer pensar nisso. Embora sejam cristãos, não pensam no matrimônio sacramental, sinal único e irrepetível da aliança, que se torna testemunho da fé. Talvez exatamente esse medo de fracassar seja o maior obstáculo ao acolhimento da palavra de Cristo, que promete sua Graça à união conjugal e à família.

Audiência, 29 de abril de 2015.

O "divórcio católico"

Os Padres sinodais pediram a simplificação dos processos de nulidade matrimonial. E detenho-me sobre esse assunto.

Esse documento, esse *Motu proprio*, facilita os processos nos tempos, mas não é um divórcio, porque o matrimônio é indissolúvel quando é sacramento, e isso a Igreja não pode mudar. É doutrina. É um sacramento indissolúvel.

O procedimento legal é para provar que aquilo que parecia sacramento não fora um sacramento: por falta de liberdade, por exemplo, ou por falta de maturidade ou por doença mental...

Tantos são os motivos que levam, após um estudo, um inquérito chegar à conclusão: "Não, ali não houve um sacramento. Por exemplo, porque uma das pessoas envolvidas não era livre".

Um exemplo, agora não muito comum, mas em certos setores da sociedade comum: os matrimônios quando a noiva ficava grávida. Nós os chamamos de "matrimônios apressados", para salvar todas as aparências. E a criança nasce, e alguns matrimônios vão bem, mas não há a liberdade! E depois vão mal, separam-se... "Fui obrigado a fazer o matrimônio porque precisava encobrir essa situação". Essa é uma causa de nulidade. São tantas as causas de nulidade; vocês podem procurá-las na Internet, lá estão todas.

Em seguida, há o problema das segundas núpcias, dos divorciados que vivem numa nova união. Parece-me um pouco simplista dizer que o Sínodo... que a solução para essas pessoas é que possam fazer a comunhão. Essa não é a única solução. Não. Aquilo que o *Instrumentum laboris* propõe é muito mais. O problema das novas uniões dos divorciados não é o único.

Não existe o "divórcio católico". Ou não houve matrimônio — e isso é nulidade, não existiu —, ou, se existiu, é indissolúvel. Isso é claro.

Conferência jornalística durante o voo de retorno dos Estados Unidos da América, 27 de setembro de 2015.

O valor do sacramento

O Sacramento do matrimônio nos conduz ao coração do projeto de Deus, um projeto de aliança com seu povo, com todos nós, um projeto de comunhão.

A imagem de Deus é o casal matrimonial: o homem e a mulher; não somente o homem, não somente a mulher, mas os dois. Essa é a imagem de Deus: o amor, a aliança de Deus conosco é representada naquela aliança entre o homem e a mulher. E isso é muito belo!

Somos criados para amar, como reflexo de Deus e de seu amor. E na união conjugal o homem e a mulher realizam essa vocação no sinal da reciprocidade e da comunhão de vida plena e definitiva.

Quando um homem e uma mulher celebram o Sacramento do matrimônio, Deus, por assim dizer, se "reflete" neles, imprime neles seus próprios traços e o caráter indelével de seu amor. O matrimônio é o ícone do amor de Deus por nós.

É exatamente este o mistério do matrimônio: Deus faz dos dois noivos uma só existência. A Bíblia usa uma expressão forte e diz "uma única carne", tão íntima é a união entre o homem e a mulher no matrimônio.

Sabemos bem quantas dificuldades e provas conhece a vida de dois cônjuges... É verdade que na vida matrimonial há muitas dificuldades, muitas; que o trabalho, que o dinheiro não bastam, que as crianças têm problemas. Muitas dificuldades. E muitas vezes o marido e a mulher ficam um pouco nervosos e discutem entre eles. Discutem, é assim, discute-se sempre no matrimônio, algumas vezes até os pratos voam. Mas não devemos ficar tristes por isso, a condição humana é assim.

E o segredo é que o amor é mais forte do que o momento no qual se discute, e por isso aconselho sempre aos noivos: não terminem o dia no qual discutiram sem fazer as pazes. Sempre! E para fazer as pazes não é necessário chamar as Nações Unidas para virem em casa e fazer a paz. É suficiente um pequeno gesto, uma carícia, um olá! E um até amanhã! E amanhã se começa outra vez. E isso é grande, é belo!

Audiência, 2 de abril de 2014.

A VOCAÇÃO PARA O MATRIMÔNIO

O Sacramento do matrimônio é um grande ato de fé e de amor: testemunha a coragem de acreditar na beleza do ato criador de Deus e de viver aquele amor que impele a caminhar sempre além, além de si próprios e também além da própria família. A vocação cristã para amar sem reservas e sem medida é o que, com a Graça de Cristo, está na base também do consentimento livre que constitui o matrimônio.

A própria Igreja está plenamente envolvida na história de todo matrimônio cristão: edifica-se em seus sucessos e sofre em seus fracassos.

Porém, devemos interrogar-nos com seriedade: aceitamos, até o fim, nós próprios, como crentes e como Pastores, também essa ligação indissolúvel da história de Cristo e da Igreja com a história do matrimônio e da família humana? Estamos dispostos a assumir seriamente essa responsabilidade, isto é, de que cada matrimônio avança pelo caminho do amor que Cristo tem pela Igreja? Isso é grande!

Nessa profundidade do mistério da criação, reconhecido e restabelecido na sua pureza, abre-se um segundo grande horizonte que caracteriza o sacramento do matrimônio.

A decisão de "casar-se no Senhor" contém também uma dimensão missionária, que significa ter no coração a disponibilidade de servir de intermediário da bênção de Deus e da Graça do Senhor para todos. De fato, os noivos cristãos participam, enquanto noivos, da missão da Igreja.

Isso requer coragem! Por isso, quando saúdo os novos cônjuges, digo: "Eis os corajosos!". Porque requer coragem para amar-se como Cristo ama a Igreja.

Audiência, 6 de maio de 2015.

A crise do matrimônio

Em nosso tempo, o matrimônio e a família estão em crise. Vivemos numa cultura do provisório, na qual cada vez mais pessoas renunciam ao matrimônio como compromisso público.

Essa revolução nos costumes e na moral frequentemente tem erguido a "bandeira da liberdade", mas na realidade levou devastação espiritual e material a inúmeros seres humanos, especialmente aos mais vulneráveis.

É cada vez mais evidente que o declínio da cultura do matrimônio está associado a um aumento na pobreza e a uma série de outros problemas sociais que atingem, em medida desproporcional, as mulheres, as crianças e os idosos. E sempre são eles que sofrem mais nessa crise.

A crise da família deu origem a uma crise de ecologia humana, pois os ambientes sociais, como os ambientes naturais, têm necessidade de serem protegidos.

Mesmo que a humanidade tenha agora compreendido a necessidade de enfrentar aquilo que constitui uma ameaça para os nossos ambientes naturais, somos lentos — somos lentos na nossa cultura, também na nossa cultura católica — no reconhecer que também nossos ambientes sociais estão em risco. É, portanto, indispensável promover uma nova ecologia humana e fazê-la caminhar adiante.

Discurso, 17 de novembro de 2014.

9

Gênero

O ensino da teoria do "gênero" é algo que está atomizando a família.
Entrevista, 11 de março de 2015.

Colonização ideológica

A respeito da colonização ideológica, darei somente um exemplo a que assisti. Há vinte anos, em 1995, uma ministra da Instrução Pública havia pedido um grande empréstimo para a construção de escolas para os pobres. Deram-lhe o empréstimo com a condição de que nas escolas houvesse um livro para as crianças de determinado grau da escola. Era um livro escolar, um livro didaticamente bem preparado, em que se ensinava a teoria do gênero. Essa mulher precisava do dinheiro para o empréstimo, mas aquela era a condição. Astuta, concordou e mandou fazer também um outro livro e ofereceu os dois livros e assim conseguiu...

Essa é a colonização ideológica: entram num povo com uma ideia que não tem nada a ver com o povo; com grupos do povo, sim, mas não com o povo, e colonizam o povo com uma ideia que muda ou quer mudar uma mentalidade ou uma estrutura.

Somente me refiro a esse caso porque eu o vi. Por que digo "colonização ideológica"? Porque aproveitam a necessidade de um povo ou a oportunidade de entrar e reforçar-se por meio das crianças. Mas isso não é novidade. O mesmo fizeram as ditaduras do século passado.

Entraram com sua doutrina. Pensem nos *Balilla*, a organização de juventude fascista italiana, pensem na juventude hitlerista... Colonizaram o povo, queriam fazê-lo. Mas quanto sofrimento!

Os povos não devem perder a liberdade. O povo tem a sua cultura, a sua história; todos os povos têm a sua cultura. Mas quando ocorrem condições impostas pelos impérios colonizadores, procuram fazer o povo perder sua identidade e criar uniformidade.

Essa é a globalização da esfera: todos os pontos são equidistantes do centro. E a verdadeira globalização não é a esfera. É importante globalizar, mas não como a esfera, e sim como o poliedro, isto é, que cada povo, cada parte conserve sua identidade, seu ser, sem ser colonizada ideologicamente.

Conferência jornalística durante o voo das Filipinas,
19 de janeiro de 2015.

A teoria do gênero

A diferença sexual está presente em muitas formas de vida, na longa escala dos seres vivos. Mas somente o homem e a mulher portam a imagem e a semelhança de Deus. Isso nos diz que não apenas o homem considerado em si é a imagem de Deus, não apenas a mulher considerada em si é a imagem de Deus, mas também o homem e a mulher, como casal, são a imagem de Deus. A diferença entre homem e mulher não ocorre pela oposição, ou pela subordinação, mas pela comunhão e pela geração, sempre à imagem e semelhança de Deus.

A experiência nos ensina: para conhecer-se bem e crescer harmoniosamente, o ser humano necessita da reciprocidade entre homem e mulher. Quando isso não acontece, veem-se as consequências. Somos feitos para nos escutarmos e nos ajudarmos mutuamente. Podemos dizer que, sem o enriquecimento recíproco nessa relação, os dois não podem sequer compreender a fundo o que significa ser homem e mulher.

A cultura moderna e contemporânea abriu novos espaços, novas liberdades e novas profundidades para o enriquecimento da compreensão dessa diferença. Mas introduziu também muitas dúvidas e muito ceticismo.

Por exemplo, eu me pergunto se a chamada teoria do gênero não seria também expressão de uma frustração e de uma resignação, que visa a apagar a diferença sexual porque não sabe mais confrontar-se com ela. Sim, arriscamos dar um passo para trás. A remoção da diferença, de fato, é o problema, não a solução.

Para resolver seus problemas de relacionamento, o homem e a mulher devem conversar mais um com o outro, escutar-se mais, conhecer-se mais, querer mais o bem recíproco. Devem se tratar com respeito e cooperar com amizade. Com essas bases humanas, sustentadas pela Graça de Deus, é possível projetar a união matrimonial e familiar para toda a vida.

Audiência, 15 de abril de 2015.

Manipulações genéticas

Quem "manipula" o próprio corpo é comparável a Herodes, que destrói, trama projetos de morte, desfigura o aspecto de um homem e de uma mulher, destrói a criação.

Pensemos nas armas atômicas, na possibilidade de aniquilar, em poucos instantes, um número muito alto de seres humanos. Pensemos também nas manipulações genéticas, nas manipulações da vida ou na teoria do gênero, que não reconhecem a ordem da criação.

Papa Francisco: esta economia mata, *2015.*

Na casa onde não se
pede desculpa,
começa a faltar ar,
as águas ficam
estagnadas. Muitas
feridas dos afetos,
muitas dilacerações
nas famílias começam
com a perda dessa
palavra preciosa.

O erro da mente humana

A família está em crise: isso é verdade, não é novidade. Os jovens não querem se casar, preferem conviver, tranquilos e sem compromissos: depois, se chega um filho, vão se casar contra a própria vontade. Hoje não está na moda se casar! Então, muitas vezes, nos matrimônios na Igreja, pergunto: "Você, que vem se casar, o faz porque de verdade quer receber de seu noivo e da sua noiva o sacramento ou vem porque socialmente é assim que se deve fazer?".

A crise das famílias é uma realidade social. Em seguida, há as colonizações ideológicas a respeito da família, modalidades e propostas que existem na Europa e também chegam de além-mar.

Em seguida, vem a teoria do gênero, o erro da mente humana, que cria tanta confusão. Assim, a família está sob ataque. O que se pode fazer com a secularização que avança? O que se pode fazer com essas colonizações ideológicas? O que se pode fazer com uma cultura que não considera a família, em que a preferência é a de não se casar? Não tenho a receita.

A Igreja está consciente disso, e o Senhor inspirou a convocação do Sínodo sobre a família, sobre os muitos problemas.

Discurso, 21 de março de 2015.

Aceitar o próprio corpo

A educação sexual deveria incluir também o respeito e a valorização da diferença, que mostra a cada um a possibilidade de superar o confinamento nos próprios limites para abrir-se à aceitação do outro. Para além das compreensíveis dificuldades que cada um possa viver, é preciso ajudar a aceitar o próprio corpo do modo como foi criado, porque uma lógica de domínio sobre o próprio corpo se transforma numa lógica por vezes sutil de domínio sobre a criação.

Também é necessário ter apreço pelo próprio corpo, na sua feminilidade ou masculinidade, para se poder reconhecer a si mesmo no encontro com o outro que é diferente de si. Assim, é possível aceitar com alegria o dom específico do outro ou da outra, obra de Deus Criador, e enriquecer-se mutuamente. Só perdendo o medo da diferença pode-se alcançar a libertação da imanência do próprio ser e do fascínio por si mesmo.

A educação sexual deve ajudar a aceitar o próprio corpo, de modo que a pessoa não pretenda apagar a diferença sexual por não saber mais confrontar-se com ela.

Amoris laetitia, n. 285.

10

Marxismo

Jamais compartilhei a ideologia marxista, porque não é verdadeira, mas conheci muitas pessoas boas que professavam o marxismo.
Entrevista, 5 de março de 2014.

O coração do Evangelho

O amor pelos pobres e pelas pessoas feridas é o coração do Evangelho. Sou crente, creio em Deus, creio em Jesus Cristo e no seu Evangelho, e o coração do Evangelho é o anúncio aos pobres.

Quando você lê as Beatitudes, por exemplo, ou lê *Mateus* 25, você vê como Jesus é claro nesse sentido. O coração do Evangelho é esse. E Jesus diz de si próprio: "Vim para anunciar aos pobres a libertação, a saúde, a Graça de Deus...". Aos pobres. Aqueles que necessitam de salvação, que têm necessidade de serem acolhidos na sociedade.

Pois, se você lê o Evangelho, vê que Jesus tinha certa preferência pelos marginalizados: os leprosos, as viúvas, as crianças órfãs, os cegos... as pessoas marginalizadas. E também pelos grandes pecadores... E esse é meu consolo! Sim, porque Ele não se assusta nem mesmo com o pecado! Quando encontrou uma pessoa como Zaqueu, que era um ladrão, ou como Mateus, que era um traidor da pátria por dinheiro, Ele não se assustou! Ele os olhou e os escolheu. Também essa é uma pobreza: a pobreza do pecado.

Para mim, o coração do Evangelho é dos pobres. Ouvi, há dois meses, o que uma pessoa disse a propósito de meu modo de falar dos pobres e dessa preferência: "Este Papa é comunista". Não! Essa é uma bandeira do Evangelho, não do comunismo. Do Evangelho! Mas a pobreza sem ideologia, a pobreza... E por isso acredito que os pobres estão no centro do anúncio de Jesus. Basta lê-lo.

O problema é que essa atitude em relação aos pobres, algumas vezes, ao longo da história, foi ideologizada. Não, não é assim: a ideologia é uma outra coisa. É assim no Evangelho, é simples, muito simples. Também no Antigo Testamento se vê isso. E por isso eu os coloco no centro, sempre.

Entrevista, 31 de março de 2014.

Bandeiras

Digo somente que os comunistas roubaram a nossa bandeira. A bandeira dos pobres é cristã. A pobreza está no centro do Evangelho. Os pobres estão no centro do Evangelho.

Consideremos *Mateus* 25, o protocolo segundo o qual seremos julgados: tive fome, tive sede, estive no cárcere, eu estava doente, eu estava nu. Ou consideremos as Beatitudes, outra bandeira.

Os comunistas dizem que tudo isso é comunista. Sim, como não, mas vinte séculos depois. Então, quando dizem isso, poderíamos dizer a eles: então vocês são cristãos.

Entrevista a Il Messaggero, *29 de junho de 2014.*

Atenção aos pobres

Se eu repetisse algumas passagens das homilias dos primeiros Padres da Igreja, do segundo ou terceiro século, sobre como se deve tratar os pobres, alguém acusaria minha homilia de ser marxista.

"Não é dos teus bens que tu doas ao pobre; tu só lhe devolves o que lhes pertence. Porque aquilo que é dado em comum para o uso de todos, a isso tu te apegas. A terra é dada a todos, e não somente aos ricos." São palavras de Santo Ambrósio, que serviram para o Papa Paulo VI afirmar, na *Populorum progressio*, que a propriedade privada não constitui para alguém um direito incondicional e absoluto e que ninguém está autorizado a reservar para seu uso exclusivo aquilo que supera a sua necessidade quando aos outros falta o necessário.

São João Crisóstomo afirmava: "Não compartilhar os próprios bens com os pobres significa roubá-los e privá-los da vida. Os bens que possuímos não são nossos, mas deles".

Como se pode ver, essa atenção aos pobres está no Evangelho e está na tradição da Igreja, não é uma invenção do comunismo.

Quando a Igreja convida a vencer aquela que chamei de "globalização da indiferença", ela está longe de qualquer interesse político e de qualquer ideologia: ela é movida unicamente pelas palavras de Jesus, ela quer oferecer a sua contribuição para a construção de um mundo onde se proteja um ao outro e se cuide um do outro.

Entrevista a La Stampa, *outubro de 2014.*

Terra, casa, trabalho

Este nosso encontro responde a um anseio muito concreto, algo que qualquer pai, qualquer mãe quer para os próprios filhos; um anseio que deveria estar ao alcance de todos, mas que hoje vemos com tristeza cada vez mais distante da maioria das pessoas: terra, casa e trabalho.

É estranho, mas, se falo sobre isso para alguns, dizem: "O Papa é comunista". Não entendem que o amor aos pobres está no centro do Evangelho. Terra, casa e trabalho são direitos sagrados. Exigir isso não é de fato estranho, é a doutrina social da Igreja.

No centro de todo sistema social ou econômico deve estar a pessoa, imagem de Deus, criada para dominar o universo. Quando a pessoa é deslocada e chega o deus dinheiro, produz-se um choque de valores. Não existe pior pobreza material do que aquela que, além de não permitir a alguém ganhar o pão, também o priva da dignidade do trabalho.

O desemprego dos jovens, o trabalho informal e a falta de direitos trabalhistas não são inevitáveis. Eles são, sim, o resultado de uma opção social prévia, de um sistema econômico que coloca os benefícios econômicos acima do homem. Eles são os efeitos de uma cultura do descarte que considera o ser humano por si mesmo como um bem de consumo, que se pode usar e depois jogar fora.

Hoje, ao fenômeno da exploração e da opressão soma-se uma nova dimensão, uma particularidade vívida e dura da injustiça social: aqueles que não podem ser integrados, os excluídos, são descartáveis, são "excedentes".

Discurso, 28 de outubro de 2014.

Sapatos vermelhos

Um cardeal amigo me contou que foi procurado por uma senhora muito preocupada, muito católica, um pouco rígida a senhora, mas boa católica, que perguntou se era verdade que na Bíblia se falava de um anticristo e ele lhe explicou. Depois ela perguntou se também no Apocalipse isso era mencionado. E depois se era verdade que se falava de um antipapa...

— Mas por que me faz essa pergunta? — indagou o cardeal.

— Porque estou segura de que o Papa Francisco é o antipapa.

— E por quê? Por que tem essa ideia? — perguntou o cardeal.

— É porque ele não usa os sapatos vermelhos! — respondeu a senhora.

Pois é, isso acontece. Os motivos para pensar se alguém é comunista, não é comunista... Estou seguro de não ter dito nada que não esteja na doutrina social da Igreja. No outro voo de retorno da viagem à América Latina, uma jornalista me disse que eu havia estendido a mão aos movimentos populares e me perguntou:

— O Senhor estendeu a mão a esse movimento popular, mas a Igreja o seguirá?

— Sou eu que sigo a Igreja — respondi.

Nisso creio não errar, creio não ter dito nada que não esteja na doutrina social da Igreja.

As coisas podem ser explicadas. Talvez uma explicação tenha dado uma impressão um pouquinho mais à esquerda, mas esse seria um erro na explicação. Não. A minha doutrina sobre tudo isso, na *Laudato si'*, sobre o imperialismo econômico, tudo isso, é da doutrina social da Igreja. E se for necessário que eu recite o Credo, estou disposto a fazê-lo.

Conferência jornalística durante o voo de Cuba a Washington,
22 de setembro de 2015.

11

Ecumenismo e outras religiões

Este é o ecumenismo espiritual: rezar juntos, trabalhar juntos.
Conferência jornalística durante o voo de retorno da Turquia,
30 de novembro de 2014.

O Patriarca Bartolomeu

Bartolomeu e eu conversamos sobre a unidade: mas a unidade se cria ao longo da estrada, a unidade é um caminho.

Jamais conseguiremos criar a unidade num Congresso de Teologia. Ele também me contou que é verdade aquilo que eu já sabia, que Atenágoras disse a Paulo VI: "Vamos caminhar juntos, tranquilos, e vamos colocar todos os teólogos numa ilha, que discutam entre si, enquanto isso nós vamos caminhando na vida!". Foi isso que Bartolomeu me contou nesses dias.

Caminhar juntos, rezar juntos, trabalhar juntos nas muitas coisas que podemos fazer juntos, ajudar-nos juntos. Por exemplo, com as Igrejas. Em Roma, e em muitas cidades, muitos ortodoxos usam Igrejas Católicas neste ou naquele horário, como parte do processo para caminhar juntos.

Uma outra coisa sobre a qual conversamos e talvez façamos alguma coisa a respeito, no Conselho pan-ortodoxo, é a data da Páscoa, porque é um tanto ridículo:

— Diga-me, o seu Cristo, quando ressuscita?

— Na semana que vem.

— O meu ressuscitou na semana passada...

Sim, a data da Páscoa é um sinal de unidade. E com Bartolomeu falamos como irmãos. Nós nos queremos bem, contamos as dificuldades dos nossos governos. E falamos bastante sobre o problema da ecologia: ele está muito preocupado e eu também; falamos bastante sobre fazermos um trabalho conjunto a respeito desse problema.

Conferência jornalística durante o voo de retorno da Terra Santa, 26 de maio de 2014.

Diálogo com o Islã

Nesta época adquire notável importância a relação com os crentes do Islã, hoje particularmente presentes em muitos países de tradição cristã, onde eles podem celebrar livremente seu culto e viver integrados na sociedade.

Não se deve nunca esquecer que eles, professando terem a fé de Abraão, adoram conosco um Deus único, misericordioso, que julgará os homens no Dia Final. Os escritos sagrados do Islã conservam parte dos ensinamentos cristãos; Jesus Cristo e Maria são objeto de profunda veneração, e é admirável ver como jovens e velhos, mulheres e homens do Islã são capazes de dedicar diariamente tempo para a oração e participar fielmente de seus ritos religiosos. Ao mesmo tempo, muitos deles estão profundamente convencidos de que a sua vida, na sua totalidade, é de Deus e para Ele. Também reconhecem a necessidade de responder a Deus com empenho ético e misericórdia em direção aos mais pobres.

Evangelii gaudium, n. 252.

Ecumenismo do sangue

Nesses primeiros nove meses, acolhi a visita de muitos irmãos ortodoxos, Bartolomeu, Hilarion, o teólogo Zizioulas, o copta Tawadros: este último é um místico, entrava na capela, tirava os sapatos e ia rezar. Senti-me irmão deles. Têm a sucessão apostólica, eu os recebi como irmãos bispos. É uma dor não poder ainda celebrar a Eucaristia juntos, mas a amizade existe.

Creio que a estrada seja esta: amizade, trabalho comum e rezar pela unidade. Nós nos abençoamos uns aos outros, um irmão abençoa o outro, um irmão se chama Pedro e o outro se chama Andrea, Marco, Tommaso...

Para mim o ecumenismo é prioritário. Hoje existe o ecumenismo do sangue. Em alguns países, matam os cristãos porque levam uma cruz ou têm uma Bíblia, e antes de matá-los não perguntam se eles são anglicanos, luteranos, católicos ou ortodoxos. O sangue está misturado. Para aqueles que matam, somos cristãos. Estamos unidos no sangue, mesmo se entre nós não conseguimos ainda dar os passos necessários para a unidade. Talvez ainda não tenha chegado o tempo.

A unidade é uma Graça que se deve pedir.

Eu conhecia em Hamburgo um pároco que seguia a causa da beatificação de um padre católico guilhotinado pelos nazistas porque ensinava o catecismo às crianças. Depois dele, na fila dos condenados, havia um pastor luterano, morto pelo mesmo motivo. O sangue deles se misturou. Aquele pároco me contou ter procurado o bispo e ter-lhe dito: "Continuo a seguir a causa, mas de ambos, não apenas do católico". Esse é o ecumenismo do sangue.

Ainda hoje existe, basta ler os jornais. Aqueles que matam os cristãos não lhes pedem a carteira de identidade para saber em qual Igreja eles foram batizados. Devemos levar em consideração essa realidade.

Entrevista a La Stampa, *16 de dezembro de 2013.*

A porta da oração

A oração para a paz, organizada no Vaticano, não foi em absoluto um fracasso. Em primeiro lugar, a iniciativa não partiu de mim: a iniciativa de rezar juntos veio dos dois presidentes, do presidente do Estado de Israel e do presidente do Estado da Palestina. Eles me haviam feito chegar esse desejo. Depois, queriam fazê-la na Terra Santa, mas não se encontrava o lugar certo, porque o custo político de cada um seria muito grande se cada um fosse para o outro lado. E eles me disseram: "Façamos isso no Vaticano, e nós iremos!".

Esses dois homens são homens de paz, são homens que acreditam em Deus e viveram muitas coisas ruins, tantas coisas ruins que estão convencidos de que o único caminho para resolver essa história é a negociação, o diálogo e a paz.

Foi um fracasso? Não, creio que a porta está aberta. Os quatro, como representantes, e Bartolomeu, que eu quis que estivesse lá como chefe da Ortodoxia, o Patriarca Ecumênico, era bom que estivesse conosco.

Abriu-se a porta da oração. E se diz: "Devemos rezar".

A paz é um dom, um dom merecido com o nosso trabalho, mas é um dom. E deve-se dizer à humanidade que, juntamente com o caminho da negociação e do diálogo, que são importantes, há também o da oração. Tudo certo. Depois, aconteceu aquilo que aconteceu. Mas isso é conjuntural. Aquele encontro, no entanto, não foi conjuntural: é um passo fundamental do comportamento humano: a oração.

Agora, a fumaça das bombas e da guerra não deixa ver a porta, mas a porta permaneceu aberta desde aquele momento. E como creio em Deus, creio que o Senhor olha para aquela porta, e olha para todos os que rezam e todos os que Lhe pedem ajuda.

Conferência jornalística durante o voo de retorno da Coreia, 18 de agosto de 2014.

Na mesquita

Vim à Turquia como peregrino, não como turista. E vim por uma razão específica, o motivo principal era a festa de hoje: vim, justamente, para compartilhar um motivo religioso com o Patriarca Bartolomeu.

Porém, depois, quando fui à mesquita, não podia dizer: "Não, agora sou turista". Não, era tudo religioso. E eu vi aquela maravilha! O mufti explicava bem as coisas, com muita brandura, e também com o Corão, onde se falava de Maria e de João Batista, me explicava tudo...

Naquele momento senti necessidade de rezar. E eu disse:

— Vamos rezar um pouco?

— Sim, sim — disse ele.

E rezei pela Turquia, pela paz, pelo mufti... por todos... por mim, que necessito... Rezei de verdade... e rezei sobretudo pela paz. "Senhor, vamos acabar com a guerra..." — rezei.

Assim, foi um momento de oração sincera.

Conferência jornalística durante o voo de retorno da Turquia, 30 de novembro de 2014.

A primeira experiência de ecumenismo

Quando eu era criança — naquele tempo, há setenta anos —, todos os protestantes iam para o inferno, todos. Assim se dizia.

E recordo a primeira experiência que tive de ecumenismo. Eu tinha 4 ou 5 anos — mas recordo tudo, parece que ainda vejo — e caminhava pela rua com minha avó que me segurava pela mão. Do outro lado da rua, vinham duas mulheres do Exército da Salvação, com o chapéu que usavam antes, com a fita, ou algo do gênero, que agora elas não usam mais. Perguntei a minha avó:

— Vovó, quem são aquelas freiras?

— Não, são protestantes, mas são boas — respondeu-me ela.

A primeira vez que ouvi falar bem de uma pessoa de outra religião, de um protestante.

Naquele tempo, na catequese, diziam-nos que todos os protestantes iam para o inferno. Mas creio que a Igreja tenha crescido na consciência do respeito, nos valores.

Quando lemos aquilo que nos diz o Concílio Vaticano II sobre valores nas outras religiões — o respeito —, creio que a Igreja tenha crescido muito nesse sentido.

E há tempos obscuros na história da Igreja, devemos dizê-lo, sem pudor, porque também nós estamos num caminho de conversão contínua: do pecado à Graça, sempre. E essa inter-religiosidade como irmãos, sempre se respeitando, é uma Graça.

Conferência jornalística durante o voo para Manila, 15 de janeiro de 2015.

A procura pela unidade

Infelizmente vemos que no caminho da história, mesmo neste momento, nem sempre vivemos a unidade. Por vezes surgem incompreensões, conflitos, tensões, divisões que a ferem, e então a Igreja não tem a face que gostaríamos, não manifesta a caridade, aquela que Deus quer. Nós é que criamos lacerações! E se olharmos as divisões que ainda há entre os cristãos, católicos, ortodoxos, protestantes... sentimos a dificuldade de tornar plenamente visível essa unidade.

Deus nos dá a unidade, mas nós, frequentemente, temos dificuldade para vivê-la. É preciso procurar, construir a comunhão, educar para a comunhão, superar incompreensões e divisões, começando pela família, pelas realidades eclesiásticas, também no diálogo ecumênico.

Nosso mundo precisa de unidade, é uma época na qual todos temos necessidade de unidade, temos necessidade de reconciliação, de comunhão, e a Igreja é casa de comunhão.

Humildade, doçura, magnanimidade, amor para conservar a unidade! Esses são os caminhos, os verdadeiros caminhos da Igreja. Vamos senti-los mais uma vez. Humildade contra a vaidade, contra a soberba, humildade, doçura, magnanimidade, amor para conservar a unidade. A riqueza daquilo que nos une!

E esta é uma verdadeira riqueza: aquilo que nos une, não aquilo que nos divide.

Audiência, 25 de setembro de 2013.

A diferença entre homem e mulher não ocorre pela oposição, ou pela subordinação, mas pela comunhão e pela geração, sempre à imagem e semelhança de Deus.

12

O drama do desemprego

O problema do trabalho é grave, pelos altos níveis de desemprego da juventude e porque, às vezes, o próprio trabalho não é digno.

Twitter, 3 de maio de 2016.

Trabalho e progresso tecnológico

Somos chamados ao trabalho desde a nossa criação. Não se deve procurar substituir cada vez mais o trabalho humano pelo progresso tecnológico: assim fazendo, a humanidade se prejudicaria.

O trabalho é uma necessidade, é parte do sentido da vida nesta Terra, via de amadurecimento, de desenvolvimento humano e de realização pessoal.

Nesse sentido, ajudar os pobres com dinheiro deve ser sempre um remédio provisório para fazer frente a emergências. O verdadeiro objetivo deveria ser sempre o de permitir-lhes uma vida digna mediante o trabalho. Todavia, a orientação da economia favoreceu um tipo de progresso tecnológico orientado para reduzir os custos de produção em razão da diminuição dos cargos de trabalho, que são substituídos pelas máquinas. É um modo adicional pelo qual a ação do ser humano pode voltar-se contra si próprio.

A redução dos postos de trabalho também tem impacto negativo no plano econômico, por meio da erosão progressiva do "capital social", ou seja, daquele conjunto de relações de confiança, de credibilidade, de respeito pelas regras, indispensáveis a toda a convivência civil.

Em definitivo, os custos humanos são sempre também custos econômicos e as disfunções econômicas sempre comportam também custos humanos.

Renunciar a investir sobre as pessoas para obter um lucro maior imediato é um péssimo negócio para a sociedade.

Laudato si', *n. 128.*

Educar para a honestidade

Educar ajuda a não ceder aos enganos de quem quer fazer crer que o trabalho, o compromisso diário, o dom de si próprio e o estudo não têm valor.

Atualmente, no mundo do trabalho — e em qualquer ambiente — é urgente educar para percorrer a estrada iluminada e trabalhosa da honestidade, fugindo dos atalhos dos favoritismos e das recomendações. Debaixo disso, há a corrupção. Há sempre essas tentações, pequenas ou grandes, mas trata-se sempre de "transações morais", indignas do homem: devem ser rejeitadas, habituando o coração a permanecer livre. Caso contrário, geram uma mentalidade falsa e nociva, que deve ser combatida: a da ilegalidade, que leva à corrupção da pessoa e da sociedade.

A corrupção é como um polvo invisível: está oculto, submerso, porém, com os tentáculos, agarra e envenena, poluindo e fazendo muito mal.

Educar é uma grande vocação: tal como São José treinou Jesus na arte da carpintaria, vocês também são chamados a ajudar as jovens gerações a descobrirem a beleza do trabalho verdadeiramente humano.

Discurso, 16 de janeiro de 2016.

Os novos excluídos

O trabalho não é somente uma vocação do indivíduo, mas é a oportunidade de entrar em relação com os outros: qualquer forma de trabalho pressupõe uma ideia sobre a relação que o ser humano pode ou deve estabelecer com o outro. O trabalho deveria unir as pessoas, não afastá-las, tornando-as fechadas e distantes. Ocupando muitas horas do dia, ele nos oferece também a oportunidade para compartilhar o cotidiano, para interessarmo-nos por quem está perto, para receber como um dom e como uma responsabilidade a presença dos outros.

No entanto, atualmente, há pessoas que gostariam de trabalhar, mas que não conseguem e têm dificuldades até para comer. Os jovens que não trabalham são, na verdade, "os novos excluídos do nosso tempo". Imaginem que, em alguns países da Europa, desta nossa Europa tão culta, o desemprego da juventude chega a 40%, em outros países a 47% e a 50% em outros.

Mas o que faz um jovem que não trabalha? Onde vai parar? Nas dependências, nas doenças psicológicas, nos suicídios. E nem sempre as estatísticas dos suicídios dos jovens são publicadas. Isto é um drama: é o drama dos novos excluídos do nosso tempo. E eles são privados de sua dignidade.

A justiça humana pede o acesso ao trabalho para todos. Também a misericórdia divina nos interpela: em frente às pessoas em dificuldades e envolvidas em situações cansativas — penso também nos jovens para os quais casar-se ou ter filhos é um problema, porque não têm um emprego suficientemente estável ou uma casa — de nada adianta fazer sermões; ao invés, deve-se transmitir esperança, confortar com a presença, sustentar com ajuda concreta.

Discurso, 16 de janeiro de 2016.

Trabalho clandestino

Na origem do movimento cooperativista italiano, muitas cooperativas agrícolas e de crédito, já no século XIX, foram sabiamente fundadas e promovidas por sacerdotes e párocos. Ainda hoje, em diversas dioceses italianas, recorre-se à cooperação como remédio eficaz para o problema do desemprego e para diversas formas de privação social.

Hoje é uma regra, não digo normal, habitual... mas com muita frequência se vê:

— Você procura trabalho? Vá a essa empresa.

Onze horas, dez horas de trabalho, 600 euros.

— Está bem para você? Não? Então, vá para casa.

O que fazer neste mundo que funciona desse jeito? Porque há a fila, a fila de gente que procura trabalho: se esse trabalho não serve para você, servirá para outra pessoa. É a fome, a fome nos faz aceitar aquilo que nos dão, o trabalho clandestino...

Eu poderia perguntar, para dar um exemplo, a respeito dos trabalhadores domésticos: quantos homens e mulheres que executam trabalhos domésticos têm previdência social?

A preocupação se volta, sobretudo, aos jovens, porque sabemos que o desemprego juvenil é dramaticamente elevado, mas pensemos também nas muitas mulheres que têm necessidade e vontade de se inserir no mundo do trabalho. Não esqueçamos os adultos que, com frequência, ficam prematuramente sem trabalho.

— Você faz o quê?

— Sou engenheiro.

— Ah, que bom, que bom. Qual é a sua idade?

— Quarenta e nove.

— Não serve. Vá embora.

Isso acontece todos os dias. Além dos novos empreendimentos, olhemos também as empresas que estão em dificuldade, as que, para os velhos patrões, convém deixar morrer, mas que poderiam, ao contrário, reviver com as iniciativas chamadas "empresas recuperadas", as empresas salvas. E sou um torcedor das *empresas recuperadas*!

Discurso, 28 de fevereiro de 2015.

O escândalo

Uma visão econômica exclusivamente orientada para o lucro e o bem-estar material é — como a experiência diária nos mostra — incapaz de contribuir de modo positivo para uma globalização que favoreça o desenvolvimento integral dos povos no mundo, uma justa distribuição dos recursos, a garantia de trabalho digno e o crescimento da iniciativa privada e das empresas locais.

Uma economia da exclusão e da iniquidade levou a um maior número de deserdados e de pessoas descartadas como improdutivas e inúteis.

Os efeitos são percebidos também nas sociedades mais desenvolvidas, nas quais o crescimento percentual da pobreza e o declínio social representam uma séria ameaça para as famílias, para a classe média que se retrai e, de modo particular, para os jovens.

As taxas de desemprego dos jovens são um escândalo que não apenas precisa ser enfrentado, antes de mais nada em termos econômicos, mas que também deve ser enfrentado, e não menos urgentemente, como uma doença social, do momento em que à nossa juventude é roubada a esperança e são desperdiçados seus grandes recursos de energia, criatividade e intuição.

Discurso, 13 de maio de 2016.

Trabalho livre

Devemos assegurar que, por meio do trabalho, o ser humano exprima e aumente a dignidade da própria vida.

A verdadeira liberdade do trabalho significa que o homem, prosseguindo a obra do Criador, assegura que o mundo reencontre a sua finalidade: ser obra de Deus que, no trabalho realizado, encarna e prolonga a imagem da Sua presença na criação e na história do homem.

Com demasiada frequência, ao contrário, o trabalho é subordinado a opressões de diversos níveis: do homem sobre outro homem; de novas organizações escravagistas que oprimem os mais pobres; em particular, muitas crianças e muitas mulheres sofrem uma economia que obriga a um trabalho indigno que contradiz a criação na sua beleza e na sua harmonia.

Devemos assegurar que o trabalho não seja instrumento de alienação, mas de esperança e de vida nova. Isto é, que o trabalho seja livre.

Discurso, 23 de maio de 2015.

Trabalho criativo

Todo homem traz em si uma capacidade original e única de extrair para si e para as pessoas que trabalham com ele o bem que Deus lhes colocou no coração. Todo homem e toda mulher são "poetas", capazes de criatividade. Poeta quer dizer isso.

Mas isso pode acontecer quando se permite que o homem expresse com liberdade e criatividade algumas formas de empreendimento, de trabalho colaborativo desenvolvido em comunidade e que proporcionem a ele e a outras pessoas um pleno desenvolvimento econômico e social. Não podemos cortar as asas àqueles, em particular aos jovens, que têm tanto para dar com sua inteligência e capacidade; eles devem ser liberados dos pesos que os oprimem e impedem de entrar, de pleno direito e o mais cedo possível, no mundo do trabalho.

Discurso, 23 de maio de 2015.

A visão economicista

Para poder influenciar a realidade, o homem é chamado a expressar o trabalho segundo a lógica que lhe é mais própria, a relacional. A lógica relacional, isto é, ver sempre, no fim do trabalho, o rosto do outro e a colaboração responsável com outras pessoas.

Ali onde, por causa de uma visão economicista, pensa-se no homem em termos egoístas e nos outros como meios e não como fins, o trabalho perde seu sentido primário de continuação da obra de Deus e, por isso, é obra de um ídolo; a obra de Deus, ao contrário, é destinada a toda a humanidade, para que todos possam se beneficiar dela.

Todos os dias vocês encontram pessoas que perderam o trabalho — isso faz chorar — ou estão à procura de ocupação. E elas aceitam o que aparece. Quantas pessoas à procura de ocupação, pessoas que querem levar pão para casa: não apenas comer, mas levar comida para casa, esta é a dignidade. O pão para a sua família. É necessário dar uma resposta a essas pessoas.

Em primeiro lugar é necessário oferecer a própria presença, a própria solidariedade. Mas depois é necessário também dar instrumentos e oportunidades adequadas.

Discurso, 23 de maio de 2015.

13

Ambiente e ecologia

A nossa casa comum é como uma irmã com a qual compartilhamos a existência.
Laudato si', n. 1.

Protetores da natureza

De um lado, a natureza está à nossa disposição, podemos usufruí-la e fazer bom uso dela; de outro, porém, não somos seus donos. Protetores, sim, mas não donos.

Por isso devemos amá-la e respeitá-la, embora, ao invés disso, sejamos frequentemente guiados pela arrogância da dominação, da posse, da manipulação, da exploração; não a "protegemos", não a respeitamos, não a consideramos um dom gratuito do qual devemos cuidar.

Respeitar o ambiente significa, porém, não apenas limitar-se a evitar estragá-lo, mas também utilizá-lo para o bem.

Penso, sobretudo, no setor agrícola, chamado a dar sustento e nutrição ao homem. Não se pode tolerar que milhões de pessoas no mundo morram de fome, enquanto toneladas de gêneros alimentares são descartadas todos os dias das nossas mesas.

Por outro lado, respeitar a natureza nos recorda que o próprio homem é parte fundamental dela. Ao lado de uma ecologia ambiental, é preciso por isso a ecologia humana, constituída pelo respeito à pessoa.

Discurso ao Parlamento europeu, 25 de novembro de 2014.

Os jovens e o ambiente

Vocês, jovens, são chamados a dar uma contribuição aos cuidados com o meio ambiente. São chamados a cuidar da criação, não apenas como cidadãos responsáveis, mas também como seguidores de Cristo!

O respeito pelo meio ambiente requer mais do que simplesmente usar produtos limpos ou reciclá-los. Esses são aspectos importantes, mas insuficientes.

Temos necessidade de ver, com os olhos da fé, a beleza do plano da salvação de Deus, a ligação entre o ambiente natural e a dignidade da pessoa humana. O homem e a mulher são criados à imagem e semelhança de Deus e a eles foi dado o domínio sobre a criação (cf. *Gn* 1, 26-28). Como administradores da criação, somos chamados a fazer da Terra um belíssimo jardim para a família humana.

Quando destruímos nossas florestas, devastamos o solo e poluímos os mares, nós traímos aquele nobre chamado.

Caros jovens, o uso correto e a gestão correta dos recursos naturais é uma tarefa urgente e vocês têm uma importante contribuição para dar.

Discurso aos jovens das Filipinas, 18 de janeiro de 2015.

Ecologia humana

O que significa cultivar e proteger a Terra? Estamos verdadeiramente cultivando e protegendo a criação? Ou a estamos explorando e descuidando?

O verbo "cultivar" me traz à mente o cuidado que o agricultor tem com sua terra para que ela dê frutos e estes sejam compartilhados: quanta atenção, paixão e dedicação! Cultivar e proteger a criação é uma indicação de Deus dada não apenas no início da história, mas a cada um de nós; é parte do Seu projeto; significa fazer crescer o mundo com responsabilidade, transformá-lo para que se torne um jardim, um lugar habitável para todos.

Nós, ao contrário, estamos perdendo a atitude de assombro, de contemplação, de escuta da criação.

Mas "cultivar e proteger" não abrange apenas a relação entre nós e o ambiente, entre o homem e a criação, diz respeito também às relações humanas.

Estamos vivendo um momento de crise; vemos isso no meio ambiente, mas, sobretudo, vemos isso no homem. A pessoa humana está em perigo: isto é certo, a pessoa humana hoje está em perigo, daí a urgência da ecologia humana! E o perigo é grave, porque a causa do problema não é superficial, mas profunda: não é apenas uma questão de economia, mas de ética e de antropologia. O que manda hoje não é o homem, é o dinheiro, o dinheiro manda em tudo. E Deus nosso Pai deu a missão de proteger a Terra, não o dinheiro, mas nós: homens e mulheres.

Nós temos essa missão!

Audiência, 5 de junho de 2013.

Mundo natural e mundo humano

A destruição do ambiente humano é um fato muito sério, não apenas porque Deus confiou o mundo ao ser humano, mas porque a própria vida humana é um dom que deve ser protegido contra diversas formas de degradação.

Toda pretensão de cuidar e melhorar o mundo requer mudar profundamente os estilos de vida, os modelos de produção e de consumo, as estruturas consolidadas de poder que hoje regem a sociedade.

O desenvolvimento humano autêntico possui um caráter moral e pressupõe o pleno respeito pela pessoa humana, mas deve prestar atenção também ao mundo natural, levando em conta a natureza de cada ser e as conexões mútuas num sistema organizado.

Assim, a capacidade de o ser humano transformar a realidade deve desenvolver-se tendo por base a primeira doação originária das coisas por parte de Deus.

Laudato si', *n. 5.*

O destino dos mais pobres

O ambiente humano e o ambiente natural se degradam em conjunto, e não poderemos enfrentar adequadamente a degradação ambiental se não prestarmos atenção às causas que têm a ver com a degradação humana e social. De fato, a deterioração do ambiente e a da sociedade atingem, de modo especial, os mais frágeis do planeta.

Por exemplo, o esgotamento das reservas de peixe prejudica especialmente as pessoas que vivem da pesca artesanal e não têm como substituí-la; a poluição da água atinge particularmente os mais pobres que não têm possibilidade de comprar água engarrafada; e a elevação do nível do mar afeta principalmente as populações costeiras mais pobres que não têm para onde se transferir. O impacto dos desequilíbrios atuais manifesta-se também na morte prematura de muitos pobres, nos conflitos gerados pela falta de recursos e em muitos outros problemas que não encontram espaço suficiente nas agendas mundiais.

Frequentemente não se tem clara consciência dos problemas que afetam, em particular, os excluídos. Estes são a maior parte do planeta, um número enorme de pessoas. Atualmente eles são mencionados nos debates políticos e econômicos internacionais, mas na maioria das vezes parece que seus problemas são colocados como um apêndice, como uma questão incluída quase que por obrigação ou de modo periférico, isso quando não são considerados meros danos colaterais. De fato, no momento da implementação concreta, frequentemente eles permanecem em último lugar.

Laudato si', *n. 48-49.*

Ambiente e guerras

É previsível que, perante o esgotamento de alguns recursos, vá-se criando um cenário favorável a novas guerras, disfarçadas sob reivindicações nobres.

A guerra sempre causa graves danos ao ambiente e à riqueza cultural dos povos, e os riscos tornam-se enormes quando se pensa nas armas nucleares e biológicas. De fato, não obstante haver acordos internacionais que proíbam as guerras química, bacteriológica e biológica, persiste o fato de que nos laboratórios continuam as pesquisas pelo desenvolvimento de novas armas ofensivas, capazes de alterar os equilíbrios naturais.

Exige-se da política uma maior atenção para prevenir e resolver as causas que podem dar origem a novos conflitos. Contudo, o poder ligado às finanças é o que mais resiste a esse esforço, e os projetos políticos frequentemente carecem de amplitude de pontos de vista. Por que se deseja ainda manter um poder que será recordado pela sua incapacidade de intervir quando era urgente e necessário fazê-lo?

Laudato si', *n. 57.*

A missão dos cristãos

Se considerarmos a complexidade da crise ecológica e de suas múltiplas causas, seremos obrigados a reconhecer que as soluções não podem vir de um único modo de interpretar e transformar a realidade.

É necessário recorrer também às diversas riquezas culturais dos povos, à arte e à poesia, à vida interior e à espiritualidade. Se quisermos, de verdade, construir uma ecologia que nos permita reparar tudo o que destruímos, nenhum ramo das ciências e nenhuma forma de sabedoria poderá ser esquecida, nem mesmo a sabedoria religiosa com sua linguagem própria. Além disso, a Igreja Católica está aberta ao diálogo com o pensamento filosófico, e isso lhe permite produzir várias sínteses entre fé e razão. No que diz respeito às questões sociais, isso pode ser constatado no desenvolvimento da doutrina social da Igreja, chamada a enriquecer-se cada vez mais a partir dos novos desafios.

As convicções de fé oferecem aos cristãos e, em parte, também a outros crentes, motivações expressivas para cuidar da natureza e dos irmãos e irmãs mais frágeis.

Se as pessoas são movidas a cuidar do meio ambiente, de que fazem parte, pelo fato de serem humanas, os cristãos, em particular, advertem que sua tarefa no seio da criação e seus deveres em relação à natureza e ao Criador fazem parte de sua fé.

Por isso é bom para a humanidade e para o mundo que nós, crentes, reconheçamos melhor os compromissos ecológicos que decorrem de nossas convicções.

Laudato si', *n. 63-64.*

Contem, falem sobre as grandes coisas que vocês desejam, porque quanto maior for a capacidade de sonhar — e a vida se encarrega de deixá-los pela metade —, mais caminho vocês terão percorrido. Por isso, acima de tudo, sonhem.

Papel de miolo	Pólen Soft 70g/m²
Papel de capa	Cartão Supremo 250g/m²
Tipografia	Dante MT Std
Gráfica	Grafilar